COMPTE RENDU

DES SÉANCES

DE LA CHAMBRE DES DÉPUTÉS,

DES 26 ET 27 FÉVRIER 1823;

PROPOSITION DE M. DE LA BOURDONNAIE,

TENDANT

A FAIRE EXPULSER M. MANUEL.

PRÉCÉDÉ

DE RÉFLEXIONS

SUR L'INVIOLABILITÉ DES DÉPUTÉS ET SUR L'ÉPURATION DANS LES ASSEMBLÉES LÉGISLATIVES.

PARIS.

PLANCHER, LIBRAIRE, QUAI SAINT-MICHEL, N° 15.

1823.

RÉFLEXIONS PRÉLIMINAIRES.

De l'inviolabilité des députés, et de l'épuration dans les Assemblées législatives.

La preuve que l'incident qui s'est élevé dans la séance du 26 février de la Chambre des députés, est d'une haute importance, c'est qu'il a fait aussitôt oublier les grands intérêts qui étaient en discussion. La question de la guerre, c'est-à-dire, de l'existence entière de deux nations, et peut-être de toutes les nations de l'Europe, a été perdue de vue, et l'attention générale se tourne vers une question non moins grave, celle de l'indépendance de la tribune, c'est-à-dire, de l'existence du gouvernement représentatif.

Les séances dans lesquelles cet incident a été suscité, et qu'il a remplies, doivent donc être mémorables dans nos fastes parlementaires, moins encore par la noble éloquence qui s'y est déployée, que par le sujet qu'on y a discuté. Les Éditeurs qui réunissent dans cette brochure l'ensemble détaillé et fidèlement reproduit de cette discussion, ont eu une idée à la fois utile et patriotique. Puisqu'ils ont bien voulu me demander quelques pages, pour servir d'introduction à ce recueil, je saisis ici l'occasion de présenter quelques-unes des impressions que produit une telle discussion, et plusieurs idées qui s'y rattachent.

Pour suivre un ordre méthodique, je rappelle tout ce qui entoure cet incident à trois points principaux : 1° le fonds, c'est-à-dire la question de savoir si la Chambre a le droit d'expulser un de ses membres ; 2° la forme, c'est-à-dire l'à-propos de l'application d'une telle mesure, et l'observation des formalités qui pourraient être exigées pour qu'elle fût régulière, lors même qu'elle ne serait pas légale; 3° les suites qu'elle peut avoir.

L'une des plus fortes objections qu'on puisse faire contre la souveraineté du peuple, c'est qu'elle tend au despotisme de la majorité sur la minorité.

La loi fondamentale de tout gouvernement représentatif doit surtout prévenir ce despotisme : c'est ici que se trouvent les plus utiles garanties des constitutions ; elles doivent avoir ce double but : manifester l'opinion générale ; protéger les opinions individuelles et la minorité. Sans cela, il n'y a plus de gouvernement représentatif ; car ce gouvernement, c'est la discussion, c'est la délibération. Si vous ne laissez parler que la majorité seule, il n'y a plus discussion, il y a le monologue du despotisme. Il faut donc laisser parler les individus. S'ils ont tort, leur opinion sera jugée ; s'ils ont raison, ils la feront peut-être partager à la majorité.

C'est en conséquence de ce principe que les corps délibérans ont un réglement : car sans réglement, il est clair que la majorité pourrait toujours détruire le lendemain ce qu'elle aurait fait la veille, qu'elle pourrait toujours interdire la parole à qui bon lui semblerait ; qu'enfin elle pourrait parler toute seule.

C'est en conséquence de ce principe, que les constitutions ont toutes plus ou moins assuré l'inviolabilité des représentations nationales et des divers pouvoirs qui concourent à la formation de la loi. C'est encore en conséquence de ce principe que la Charte s'est bien gardée d'autoriser l'exclusion d'aucun membre des deux Chambres ; et qu'on ne dise pas qu'il est des cas que la loi n'a pu prévoir. La loi doit prévoir tout ; elle est faite pour des hommes. Elle a bien prévu le cas où un député aurait encouru une poursuite criminelle !

En effet, la Charte va plus loin : elle attache tant d'importance à la présence de chacun des membres des corps législatifs à leurs délibérations, qu'elle a veillé avec une sollicitude prévoyante à ce qu'ils n'en puissent être éloignés même pour des délits étrangers a l'exercice de leurs fonctions. Les articles 34, 51 et 52 de la Charte ne sont pas seulement des garanties tuté-

laires pour les individus investis de fonctions législatives, ils sont encore destinés à protéger l'intégrité des
délibérations. Quoi ! la Charte aura pris un soin particulier de maintenir à son poste un député passible de
la contrainte par corps ; elle aura songé à y défendre
par des formes spéciales contre les atteintes de la justice, celui que de graves délits ou même des crimes
auraient exposé à des peines infamantes ; et elle aurait
permis l'expulsion par acclamation d'un orateur dont les
discours déplairaient à la majorité !

Les orateurs qui ont provoqué et demandé avec ins-
tance l'expulsion de l'honorable député de la Vendée,
n'ont pu insister que sur un seul moyen. Leur princi-
pal argument a été le droit que tout corps constitué
a de veiller à sa dignité et à sa conservation. Cet argument a été celui avec lequel toutes les assemblées,
tous les gouvernemens se sont épurés. Ce fut pour sa
conservation que la Convention fit le 31 mai, qu'elle
décréta ensuite plus de soixante arrestations, et qu'elle
se décima. Ce fut pour se conserver qu'on fit le 18 fruc-
tidor et les proscriptions qui le suivirent. Je suis loin de
songer ici à aucune comparaison : la faire, n'est pas
dans ma pensée ; l'exprimer, serait contraire au respect
que j'ai pour la Chambre ; et ce respect ne m'est point
imposé par la loi, je le regarde comme une utile garantie de l'indépendance et de la liberté parlementaires. Je
ne cite ici l'histoire de nos funestes et sanglantes dissensions que pour prouver ceci : c'est qu'en marchant à la
destruction, on n'a jamais manqué d'invoquer la conservation.

Ramenez toute la question au principe que j'ai posé
d'abord, et vous reconnaîtrez aussitôt cette conséquence
immédiate et rigoureuse : c'est que la majorité du 26 et
du 27 a agi conformément au principe contraire, savoir :
que la majorité est souveraine absolue, principe qui se
déduit de la souveraineté illimitée du peuple ; or cette
souveraineté est sans doute bien loin d'être approuvée
par les honorables députés qui ont demandé et appuyé
l'exclusion. Pour mieux expliquer ceci, je me répète.
Le gouvernement représentatif doit avoir ce double but :

manifester l'opinion générale ; protéger l'émission des opinions individuelles. Que résulte t-il de là ? C'est que la majorité n'est pas souveraine absolue. Et non sans doute, car elle pourrait alors franchir les limites qui lui sont imposées par la loi fondamentale. Non sans doute, car elle pourrait se soustraire à toutes les règles, à toutes les formes ; elle pourrait opprimer, expulser sans motif la minorité ou les individus de la minorité, elle pourrait attaquer les pouvoirs qui existent à côté d'elle dans l'Etat. Oui, la majorité est souveraine dans le vote constitutionnel et régulier de la loi, et dans le cercle des attributions qui lui sont tracées par le pacte suprême. Non ! la majorité n'est pas souveraine dans la discussion et dans la délibération, car elle pourrait imposer silence et empêcher de voter ; elle pourrait arbitrairement s'interdire les moyens de s'éclairer, et repousser les objections au lieu d'y répondre.

Voilà pour le fonds de la question : je désire avoir suffisamment traité ce point. Quant à la forme et à l'opportunité, que pourrais-je ajouter à ce qui a été dit par MM. Etienne, Girardin, Casimir Périer, Chauvelin, Méchin, Tripier ? L'éloquente justification de M. Manuel ne suffirait-elle pas, et ne trouvera-t-on pas même dans le peu de considérations que M. Lainé a présentées, en les enveloppant habilement sous des formes dubitatives et hypothétiques, les plus graves objections sur la légalité de la mesure et de la marche qu'a suivie la majorité ?

Reste à parler des résultats possibles d'une telle mesure, et ici je sens tout ce que le sujet m'impose de réserve. Je crains d'exprimer ma pensée, et cependant elle naît d'un profond attachement aux libertés constitutionnelles, à l'ordre public, à la paix de mon pays. Comment oserai-je parler, si l'on m'accuse de prophétiser le désordre ? Comment parlerai-je si, ne pouvant inculper mes intentions ou mes vœux, on me fait un crime de mes craintes ? Ah ! sans doute on ne pourrait inculper mes intentions ; car que désirerait de plus un ennemi de l'ordre que de voir la Chambre accomplir un acte semblable ?

Mais rien encore n'est consommé ; invoquer ne sera point porter un jugement, et un jugement exprimé avec décence et modération serait permis. J'invoquerais donc la majorité elle-même, si ma voix pouvait s'élever jusqu'à elle. Je l'adjurerais au nom de la patrie, au nom de l'auguste auteur de la Charte, qui veut son maintien et qui ne peut vouloir ce qui lui porterait une atteinte mortelle. J'en appellerais à ses propres intérêts, car du moment où elle aurait exercé un acte d'interdiction sur la minorité, elle aurait porté un coup violent à ses décisions elles-mêmes ; en anéantissant le droit de l'un de ses collègues, elle attenterait au droit de tous, et donnerait un dangereux précédent même à la Chambre collatérale ; en anéantissant ainsi l'élection légale d'un collége, elle infirmerait en même temps les droits de tous ceux du royaume et frapperait jusqu'à la loi d'élection ; enfin elle ouvrirait aux tempêtes parlementaires une issue que les majorités ne ferment jamais, et par laquelle elles sont entraînées quelquefois.

Je termine par un mot ; on l'a fait assez entendre, le crime de M. Manuel est d'avoir été élu deux fois, et même dans deux endroits, par ce département de la Vendée qu'on nomme la terre classique de la fidélité. S'il était député de tout autre département, il est probable que l'on ne trouverait pas ses discours plus véhémens que ceux de ses honorables amis ; on ne les distinguerait que par le caractère particulier de son éloquence, et on ne lui pourrait faire un reproche que de son talent. Ainsi donc, c'est un député de la Vendée qu'une Chambre royaliste veut exclure de son sein ! Que de réflexions devrait pourtant faire naître un tel rapprochement ? Ne doit-on pas y trouver un avertissement solennel que la révolution est accomplie, que les intérêts nouveaux sont assis, que de nouvelles opinions ont succédé à d'anciennes croyances ? Quoi ! l'on verrait les gothiques châteaux faire place à des maisons nombreuses, les ateliers d'une active industrie s'établir dans les antiques monastères ! On verrait les vastes domaines que le privilége et la chasse condamnaient à la stérilité, se fertiliser en se divisant, et payer les sueurs du maître par de plus am-

'ples dons ; on verrait tant de changemens dans nos mœurs, dans notre existence, sans s'apercevoir que la France d'aujourd'hui n'est plus la France d'autrefois ? Ouvrez donc enfin les yeux : convenez qu'un nouvel état social a été créé ou du moins s'est manifesté par la révolution ; qu'il doit être régi par des lois qui lui soient conformes. Les passions peuvent méconnaître la vérité, mais peuvent-elles la détruire ? les intérêts ne sont-ils pas plus forts que les passions, et ne doivent-ils pas prévaloir sur les préjugés ? Vous voulez que la Vendée, que la France d'aujourd'hui vous donnent des hommes d'autrefois ! Eh bien, commencez donc par changer l'esprit de la population : que dis-je ? aurez-vous fait assez ? Non, relevez le couvent, le donjon à la place de la manufacture ; faites croître les genêts et les broussailles dans nos champs exploités par le majorat ; chassez les travailleurs pour installer les oisifs ; fermez les écoles, brisez les imprimeries, brûlez les livres, prohibez l'histoire, et quand vous parviendriez un moment à renverser le nouvel état social, les débris que vous auriez faits se rassembleraient sans cesse malgré vous, et du milieu de vos ruines provisoires, vous entendriez toujours une voix vous crier : On ne défait pas l'œuvre des révolutions ; mais on prolonge les révolutions en voulant le défaire.

Le 28 février 1823.   FÉLIX BODIN.

COMPTE RENDU

DES SÉANCES

DE LA CHAMBRE DES DEPUTÉS,

DES 26 ET 27 FÉVRIER 1823.

SÉANCE DU 26 FÉVRIER.

La séance est ouverte à une heure et demie.

L'ordre du jour est la suite de la discussion générale sur le projet de loi relatif au crédit supplémentaire.

M. le général Partouneaux prononce un discours en faveur du projet, dont les motifs et le système financier dans lequel il a été conçu lui paraissent devoir être également approuvés.

L'honorable membre a divisé en deux classes les orateurs qui ont attaqué la proposition du gouvernement : ceux qui s'opposent à la guerre, ceux qui voudraient qu'on l'eût déclarée plus tôt.

Répondant aux premiers, il reproduit les divers argumens présentés dans le sens du projet de loi. Selon lui, la guerre avec l'Espagne sera nationale, comme toute guerre commandée par l'honneur; et l'honneur, ajoute l'honorable membre, nous commande celle-ci; car le malheur implore nos secours, et notre territoire a été outrageusement violé.

Après avoir combattu l'opinion de ceux qui attribuent à l'Angleterre des intentions favorables au gouvernement des cortès, l'orateur s'attache à ré-

futer celles qui accusent les ministres d'avoir trop
long-temps tardé à entreprendre la guerre. Il s'appuie, à cet égard, sur l'insuffisance des moyens
militaires de la France, à l'époque où l'on fait un
reproche au gouvernement de n'avoir pas com-
mencé les hostilités.

M. Manuel est appelé à la tribune. (Mouvement
dans l'assemblée.)

Une foule de membres du côté droit, qui étaient
absens, s'empressent de rentrer dans la salle.

Messieurs, dit l'honorable orateur, s'il est dans
les gouvernemens représentatifs un principe in-
contestable, c'est surtout celui qui veut que l'opinion publique domine les mesures législatives, et
par conséquent les déclarations de guerre et les
traités de paix lui sont nécessairement soumis. Un
grand nombre de mes collègues et moi, convaincus
que cette opinion s'élève aujourd'hui contre la
guerre qu'on veut entreprendre, nous n'éprouvions
qu'une crainte, celle d'entendre soutenir à cette
tribune que telle n'est pas l'opinion publique en
France ; mais depuis que l'un des ministres (M. de
Villèle) en a fait positivement l'aveu, depuis qu'il
a déclaré qu'en s'opposant à la guerre, sa retraite
aurait été accompagnée d'une immense popularité,
il est bien avéré que cette guerre est impopulaire...
(Murmures à droite; interruption.)

A gauche. — C'est évident !

Dès-lors, reprend M. Manuel, on se demande
comment le ministère peut insister auprès de vous
pour faire déclarer une guerre que l'opinion publique réprouve, auprès de vous qui êtes surtout destinés à représenter cette opinion. Il a dû
sentir au moins qu'il importait de vous présenter
des raisons ou tranchantes ou spécieuses, qui pus-
sent lutter contre le dissentiment général, et vous
décider à préférer l'opinion du ministère à celle de

la nation. Cette tâche a été confiée à celui des ministres qui, par sa place et par son talent, pouvait le mieux s'en acquitter.

Maintenant que tout ce qui pouvait être dit en faveur de la guerre vous a été présenté avec autant de succès qu'on pouvait l'espérer, il me reste à vous montrer que les motifs dont on s'est appuyé ne sont pas de nature à faire impression sur vos esprits; et que quiconque consulte avec bonne foi les intérêts de son pays, ne peut voter pour le projet de loi.

Une division bien simple se présente à mon esprit. J'examinerai les causes de la guerre et ses inconvéniens.

Ces causes, telles qu'elles ont été présentées dans un discours auquel j'eusse désiré répondre dans la séance d'hier, se divisent en motifs de guerre et en causes d'intervention. Les motifs de guerre sont à peu près les mêmes que ceux qui vous avaient été jusqu'alors présentés; ils ont reçu cependant quelques développemens.

On a parlé de bâtimens français pillés par des navires sous pavillon espagnol, de consuls français menacés, de trois violations de territoire; enfin, des intérêts de départemens limitrophes.

Ici la réponse est facile. Ces faits sont-ils assez graves pour motiver une déclaration de guerre? Et avant d'examiner cette question, il est encore un point important à fixer, c'est la vérité même de ces faits. Si on veut leur attribuer de si grandes conséquences, il faut du moins les établir, et ne pas se contenter de les alléguer. Et remarquez que ce n'est pas nous seulement qui demandons des preuves. Des membres de la majorité nous ont précédés dans cette demande, parce qu'ils ont bien senti la nécessité de constater aux yeux de la nation les faits qui provoquaient une mesure aussi

grave. Or, quels sont les procès-verbaux, les dépê-
ches diplomatiques, les correspondances, présentés à l'appui de ces allégations ? quelles pièces
attestent qu'on a réclamé auprès du gouvernement
espagnol, et que ce gouvernement a refusé toute
satisfaction légitime ? Demander la guerre, sans ap-
puyer cette demande sur de pareils documens, c'est
donner une faible mesure de la sagesse et de la
prudence qui président aux conseils.

On prétend que le territoire français a été trois
fois violé, mais il a été au contraire constamment
respecté (murmures à droite), et il l'a été dans des
circonstances qui présentaient les plus grandes difficultés, dans des momens où cette violation eût été
peut-être excusable de la part de ceux qui voyaient
leurs ennemis en fuite trouver un asile derrière nos
troupes, et de-là jeter encore la mort dans leurs
rangs. D'ailleurs, pour établir un fait de cette importance, et pour en faire la cause d'une déclaration de
guerre, il faut autre chose que vos assertions; il
faut des preuves, et vous n'en donnez aucune. Il
n'y a donc pas même de prétexte pour la guerre.

Vous ajoutez que les denrées de plusieurs départemens limitrophes ne peuvent plus être intro-
duites en Espagne; mais quelle en est la cause?
Est-ce la constitution des cortès? Ne faut-il pas plu-
tôt en accuser le cordon sanitaire, et les difficultés
qu'ont fait naître les germes d'hostilité répandus en
Espagne par la politique de notre gouvernement? Il
y a sans doute un grand intérêt à rendre à ces départemens ce qu'ils ont perdu : vous y parviendrez en ré-
tablissant nos relations avec l'Espagne, en conservant
la paix, et non pas en confirmant la nouvelle d'une
guerre qui déjà porte ses fruits. Ce n'est pas en ag-
gravant le mal que vous trouverez le remède. Vous
avez pu le croire un instant, lorsque les passions
obscurcissaient votre jugement; vous ne le croirez

plus, lorsque vous aurez examiné cette question avec la réflexion et la maturité qu'elle exige.

Mais on allègue des motifs plus graves : on motive la guerre sur la constitution des cortès, sur les excès révolutionnaires de l'Espagne, sur les dangers du roi Ferdinand, enfin sur les circonstances au milieu desquelles l'Espagne se trouve placée.

Ici, Messieurs, le ministre auquel je réponds a senti qu'il fallait d'abord établir la question de droit. Il a examiné si l'intervention d'un gouvernement dans les affaires domestiques d'une puissance étrangère était légitime. Je dois rendre justice à ce ministre. Obligé de choisir entre des autorités qui se combattaient, il a préféré celle qui est d'accord avec la raison et la justice. Il a reconnu en principe qu'un gouvernement ne pouvait pas intervenir dans les affaires d'un autre gouvernement, parce qu'alors il n'y aurait plus de raison pour qu'aucun peuple fût tranquille chez lui ; mais en même temps il a cru pouvoir établir une exception, et il a prétendu que cette exception avait lieu toutes les fois que ce qui se passait dans un gouvernement étranger pouvait compromettre la tranquillité de ses voisins.

Je demande où se trouve la preuve de la nécessité d'admettre une pareille exception ? Le ministre me répond en me citant une seule autorité, l'exemple de l'Angleterre.

Mais d'abord une réflexion se présente. Comment, après avoir reconnu le principe de la non-intervention, comme une condition indispensable de la sécurité de tous, peut-on admettre une exception fondée sur un seul exemple ? Faire taire les principes devant un seul exemple qui les viole, ne serait-ce pas leur ôter toute leur force et les faire dépendre des circonstances, des caprices d'un gouvernement?

En admettant même une hypothèse quelconque, qui autorisât une nation à se défendre du mal dont la menacerait une nation voisine, en résulterait-il qu'elle eût le droit d'aller tarir la source du mal chez les étrangers eux-mêmes? Ce serait détruire le principe même; car quel sera le juge du cas d'exception? qui pourra le déterminer? N'est-ce pas vous seulement qui, dans votre intérêt, trancheriez cette question?

Oui, le principe est juste (ce qui a été reconnu par le ministre), et alors il faut le laisser en son entier; car si vous lui portez la moindre atteinte, il laisse matière à l'arbitraire et il s'écroule; car un principe n'est pas compatible avec l'arbitraire.

J'ai dit que l'exemple de l'Angleterre, cité par le ministre, était un exemple isolé; je dois ajouter que c'est un exemple mal choisi. M. le ministre des affaires étrangères a cru pouvoir compter sur un grand succès dans cette discussion...... (A droite : Oui! oui ! sans doute.)

M. Manuel : Je dis que le ministre a pensé qu'il aurait un grand succès s'il pouvait nous opposer le témoignage de la conduite de l'Angleterre. Remontant donc à des temps plus éloignés, il a cherché dans ce pays des exemples favorables à son opinion, et il a cité la déclaration de White-Hall, en 1793.

Mais comment un ministre des affaires étrangères peut-il savoir assez peu de diplomatie.... (Exclamations à droite; interruption.)

M. Manuel reprenant : Je demande, Messieurs, comment, dans un poste si élevé, on pourrait avoir assez peu de diplomatie pour ne pas avoir présente à la mémoire une circonstance frappante, un fait historique : c'est que ce n'est pas l'Angleterre qui, à cette époque, a déclaré la guerre à la France;

car la déclaration citée par le ministre est du mois de novembre 1793, et dès le 1er janvier de la même année, la France avait déclaré la guérre à l'Angleterre. (Sensation générale.)

Cette déclaration n'avait nullement pour objet de justifier une intervention, mais d'établir les moyens avec lesquels on repousserait la guerre par la guerre. Déjà même, à cette époque, d'autres puissances étaient intervenues dans nos affaires; la France était en guerre avec elles; ses armées avaient dépassé les frontières. L'Angleterre l'accusait d'avoir porté sur des territoires étrangers les principes et les excès de sa révolution. Voilà, Messieurs, dans quelles circonstances a parlé l'Angleterre. Je vous le demande, est-ce à vous d'invoquer son témoignage? êtes-vous dans une position semblable? avez-vous attendu que l'Espagne vînt vous attaquer avec ses armes? (Murmures à droite.) Pouvez-vous citer une seule tentative, par laquelle elle ait voulu importer en France sa constitution? Lorsque les circonstances sont si différentes, comment pourriez-vous invoquer avec succès l'exemple de l'Angleterre?

Le ministre a cité encore un exemple plus récent: la déclaration de lord Castlereagh. Eh bien! qu'on nous dise quel a été le résultat de ses doctrines? Messieurs, il s'est jugé lui-même, et il s'est puni trop sévèrement.... (Exclamations à droite; interruption.)

M. le président agite la sonnette et réclame le silence.

Oui, Messieurs, reprend M. Manuel, il s'est puni trop sévèrement pour qu'on puisse s'emparer de sa doctrine, et s'en faire une arme dont on ose se servir.

Mais ces principes qu'on invoque sont-ils les mêmes que ceux qui président aujourd'hui aux destinées de l'Angleterre? Non, Messieurs, et si nous nous prévalons en ce moment de son exemple, c'est qu'elle nous offre l'admirable spectacle d'une nation d'accord avec son gouvernement pour défendre les intérêts nationaux, les intérêts de la paix et de l'humanité. Voilà l'exemple qu'il faut suivre, et non pas celui d'un Etat où un seul ministre livre aux ennemis du pays les intérêts qu'il était chargé de défendre. (Vive approbation à gauche.)

Au surplus, lorsque l'Angleterre, en dépit de ce même principe, s'est décidée à faire la guerre, elle avait du moins une sorte d'excuse ; elle la faisait dans des intérêts mercantiles. Guidée par ces mêmes intérêts, elle a traité avec la république, avec Napoléon et tous les gouvernemens français. Mais elle a toujours renouvelé la guerre, lorsqu'elle a cru qu'elle était dans l'intérêt de son monopole commercial. Elle change aujourd'hui de système en poursuivant toujours le même but, bien différente de ces gouvernemens dont la politique versatile présente d'éternelles contradictions. Elle sait déplacer le danger quand le danger se déplace ; c'est d'un autre côté qu'elle tourne son attention ; c'est d'un autre côté, je l'espère, qu'elle tournera ses armes, et voilà la politique prudente qu'il faudrait imiter, au lieu de se traîner servilement dans les ornières du passé et du préjugé. (Murmures à droite ; adhésion à gauche.)

Mais je suppose même que le principe fût susceptible d'exception, et que nous en fussions réduits à examiner si les circonstances sont capables de justifier l'application de cette exception ; voyons si, dans cette hypothèse, il y aurait des causes suffisantes d'intervention.

Ici, Messieurs, disparaît un nuage qui, jusqu'à présent, avait obscurci et embarrassé la discussion. Grâce à M. le ministre des affaires étrangères, nous savons maintenant que la Sainte-Alliance des puissances étrangères n'influe en rien sur notre détermination. Elle n'a rien commandé, rien exigé. C'est ce que le ministre nous a déclaré hier, et vous avez remarqué sans doute que cette déclaration est un démenti formel à ce qui vous a été dit par un autre ministre; car vous vous souvenez que, dans le comité secret, M. le président du conseil vous donnait pour motif déterminant en faveur de la guerre, que, si vous ne la faisiez pas sur les Pyrénées, vous seriez obligés d'avoir à vous défendre sur les frontières du nord. Cette nécessité ne peut s'expliquer qu'en supposant que les puissances étrangères nous ont commandé la guerre d'Espagne.

Et cependant cette conséquence, dont s'est appuyé M. le président du conseil, est détruite par M. le ministre des affaires étrangères, à moins que M. le président du conseil ne vienne détruire à son tour cette assertion par une assertion contraire, et certes, nous ne serions pas plus étonnés de cette nouvelle contradiction que de la précédente. (Rire d'approbation.)

Ajoutez que ce démenti est d'autant plus puissant, que la déclaration de M. le ministre des affaires étrangères n'est pas exprimée en termes vagues ; elle est appuyée d'un témoignage authentique ; car c'est un témoin du congrès qui parlait, et, non content de nous faire connaître le résultat de ses négociations, il a cru devoir encore nous communiquer les confidences intimes qu'il a reçues. (On rit.) Il faut lui savoir gré de cet abandon, qui lui a fait peut-être oublier les formes et les convenances parlementaires, pour mieux remplir vos cœurs d'une conviction profonde ; mais enfin, ce qui est certain, c'est qu'il a ainsi délivré la question d'un grand embarras. Nous sommes absolument les maîtres ; nous pouvons choisir de la guerre ou de la paix ; aucune nécessité ne nous est imposée par une volonté étrangère. S'il en est ainsi, examinons en liberté les circonstances qu'on invoque en faveur de la guerre.

· Et d'abord, on a tant parlé de contagion morale, qu'il importe de lui assigner des caractères plus nets et plus précis. La révolution d'Espagne serait dangereuse, nous dit-on, à cause de l'espèce de constitution qui la régit. Mais cette constitution, qu'a-t-elle donc, je le demande, de si effrayant pour votre avenir ? (Murmures à droite.) Il me semble qu'elle a pour elle des témoignages assez imposans, ceux de tous les gouvernemens de l'Europe, et même des gouvernemens les plus absolus. Cet assentiment général lui a été donné en 1814 , non par une simple tolérance, mais d'une manière formelle et précise : elle a été même citée en exemple à d'autres peuples. Lorsqu'on voulut soulever l'Italie et l'engager à se révolter contre son souverain, vous souvient-il qu'on lui disait de suivre l'exemple de l'Espagne, de reconquérir, comme elle, son indépendance en se donnant une patrie ? (Vive sensation.) Enfin, à une époque plus récente, le gouvernement français n'a-t-il pas reconnu lui-même cette constitution, en félicitant le monarque qui l'avait jurée ?

Mais, nous dit-on, cette constitution ne présente pas assez de garanties au repos public ; elle laisse trop dominer l'esprit révolutionnaire. C'est la révolution qu'il faut aller combattre en Espagne ; c'est pour l'anéantir qu'il faut traverser les Pyrénées. Ainsi, Messieurs, c'est en portant la guerre dans la Péninsule que vous voulez comprimer l'esprit révolutionnaire. Sans doute, l'esprit révolutionnaire est dangereux ; mais l'esprit contre-révolutionnaire l'est-il moins ? (Murmures à droite.) La contre-révolution n'est-elle pas la pire, la plus dangereuse des révolutions? Sans doute, les révolutions qui marchent en avant peuvent avoir leurs excès, leurs malheurs. Mais, au moins, en marchant en avant on arrive.... (Rumeur à droite.) Les résistances finissent par être vaincues, les résultats s'établissent, et ce n'est pas en France que cette vérité sera contestée; en France, où une révolution a eu lieu, où ses résultats ont été consacrés par le gouvernement actuel.

Mais lorsqu'une contre-révolution commence, le mal et le danger sont bien autres. Il faut alors détruire ce que la révolution a fait, et replacer la nation dans la position où elle se trouvait lorsque la révolution lui apparut comme le seul remède à ses maux. Il faut enfin ajouter aux maux que la révolution a faits, ceux qui sont nécessaires pour la détruire, et préparer encore les maux d'une révolution à venir. (Bravos prolongés à gauche.)

Dois-je, Messieurs, rendre cette pensée plus sensible par un exemple? Quelle est l'espèce de gouvernement que nous comptons imposer à l'Espagne? (A droite : Aucun.) On avait cru d'abord (et le ministère avait eu l'adresse de le laisser croire) qu'il s'agissait, non pas de replacer l'Espagne sous le pouvoir absolu, mais d'imposer à l'État, au gouvernement et à la nation, une espèce de constitution mixte, la Charte, par exemple, qui leur eût offert des garanties plus ou moins positives. Eh. bien ! ce prétexte, cette illusion qui était fort adroitement inventée, le ministère l'a perdue. Des dissensions intestines l'ont forcé de s'expliquer. On a demandé de quel droit nous voulions imposer la Charte à l'Espagne, et l'empêcher d'être ce qu'elle était avant sa révolution? Le ministère a déclaré que telle n'était pas son intention. Quelle est la conséquence? Elle se présente d'elle-même. Il est évident que vous allez en Espagne rétablir le pouvoir absolu de 1820, et la livrer, comme elle l'était alors, à l'inquisition, aux jésuites. Les amis d'une liberté conquise au prix de leur sang, devront donc s'attendre à l'exil, aux tortures et aux supplices, sans que les tribunaux interviennent; ils seront encore condamnés sur de simples notes administratives. Voilà, Messieurs, l'âge d'or que vous promettez à l'Espagne. Et vous pourriez vous flatter que votre seule apparition, que toutes les forces même de la France suffiront pour imposer ce joug au peuple espagnol !

Je veux adopter les combinaisons les plus favorables. Je vous accorde tout ; je suppose que vous vaincrez, que vous envahirez l'Espagne ; que les Espagnols oublieront en un instant leur fierté et leur gloire passée ; qu'ils négligeront tous les moyens que la nature du sol qu'ils habitent leur donne pour se défendre ; j'admets toutes ces absurdités. Vous voilà vainqueurs et en Espagne. Mais enfin, vous n'y resterez pas éternellement ; et, en votre absence, qui empêchera une nouvelle révolution d'éclater !

Eh ! Messieurs, consultez l'histoire. Y voyez-vous qu'une révolution pour la liberté ait été jamais vaincue ? Elle n'a pu jamais qu'être comprimée. Faut-il vous citer des exemples ? Voyez les paysans d'Helvétie se soustraire au joug de l'Autriche ; quelques pêcheurs de la Hollande triompher de toutes les forces de l'Espagne ; quelques Américains résister à celles de l'Angleterre, et la France, bravant toute l'Europe, assurer à la fois sa liberté et sa gloire. Voilà ce qui répond à toutes les suppositions. (Bravos à gauche.)

Et quels sont ceux à qui vous proposez de relever le pouvoir absolu en Espagne ? Vous voulez que nous, citoyens français, obligés de consulter et notre raison et les intérêts de notre pays, nous consentions à faire les sacrifices de notre armée et de nos trésors, pour aller rétablir en Espagne, non pas le repos, mais un état de guerre interminable?

Et remarquez que jamais révolution n'a été faite à moins de frais, et accompagnée de moins d'excès que la révolution espagnole (murmures à droite). Mais quand bien même elle eût entraîné des malheurs, ceux que vous préparez à l'Espagne seraient mille fois plus terribles encore. Qu'arrivera-t-il, en effet, et quel sera le résultat de votre invasion? Quel gouvernement sera substitué à la constitution des cortès? qui donnera une constitution? Sera-ce Ferdinand? Mais nous savons comment les autres souverains ont tenu leurs promesses. Le roi de Prusse, le roi de Naples, dans des temps de détresse, avaient promis une constitution à leurs peuples; l'Autriche avait promis la liberté à l'Italie; l'amiral Bentinck avait appelé les Génois à l'indépendance.

Toutes ces promesses sont authentiques; où sont les constitutions?

Le roi d'Espagne n'a rien promis, et il a des vengeances à exercer. Son gouvernement était terrible; il était atroce... (Explosion à droite; interruption.)

A gauche. — Oui, atroce! atroce!

M. *Foy* : Atroce! l'expression est juste.

A droite. — A l'ordre! à l'ordre!

M. le président agite la sonnette et réclame le silence.

M. Manuel veut continuer.

A droite. — A l'ordre! à l'ordre!

M. le président reste immobile; M. Manuel regarde, en souriant, les interrupteurs.

A droite une troisième fois. — A l'ordre donc! à l'ordre!

M. *le président*, se levant : Si un pareil langage avait été adressé à la personne d'un souverain, j'aurais cru de mon devoir de rappeler l'orateur à l'ordre ; mais il a parlé d'un gouvernement, et vous tenez pour principe... (murmures à droite ; interruption) que les reproches adressés à un gouvernement ne peuvent porter sur la personne du roi. (Nouveaux murmures à droite.) J'ai dû dès-lors attendre la fin de la phrase pour savoir si elle pouvait s'adresser à une personne auguste contre laquelle j'aime à croire que l'orateur lui-même ne se permettrait aucune sorte d'inculpation.

Le silence se rétablit enfin.

M. *Manuel* : L'observation de **M.** le président me dispense de toute autre justification. Si la majorité avait pris la peine d'attendre le développement de ma pensée (ce qui ne lui arrive jamais), elle aurait vu que ma phrase n'était pas dirigée contre la personne du Roi, mais contre ses conseillers. Je loue en effet le gouvernement actuel, et c'est cependant le même chef qui est à sa tête. (A gauche : Très-bien !)

J'ai donc eu raison de dire que le gouvernement de Ferdinand VII, en 1815, était atroce. (Silence à droite.) Que sera-ce donc lorsqu'il aura des injures personnelles à venger? Pourra-t-il se défendre de ses propres passions, lorsque les affaires seront confiées aux hommes qui auront à venger leur exil, leur ambition déçue? Voilà ce que vous préparez à l'Espagne; votre conscience même attestera que je dis vrai.

Ce n'est donc pas en parlant de la nécessité de comprimer la révolution que vous vous déterminerez à faire les sacrifices que la guerre exigerait. Mais, ajoute-t-on, les Espagnols s'égorgent entre eux, resterons-nous spectateurs tranquilles? Quelle féroce neutralité !

Singulière manière de diminuer les maux de la guerre civile, que d'y ajouter ceux d'une guerre étrangère! La guerre civile est une calamité sans doute; mais du moins elle se termine par la défaite du vaincu. Qu'allez-vous faire en intervenant? Vous allez redonner des forces aux vaincus et rallumer la guerre près de s'éteindre. Le sang a coulé: il allait tarir; vous allez le faire couler encore. Et, comme si ce n'était pas assez que le sang espagnol eût coulé, vous voulez encore faire ruisseler en Espagne le sang français. (Bravos à gauche.) Est-ce là, je le demande, de l'amour de l'ordre et de l'humanité?

Je dirai plus, Messieurs, la guerre civile n'existe en Espagne que parce qu'un parti espère la guerre étrangère, que parce qu'à chaque instant, les soldats de la Foi supposent que vous êtes là tout prêts à les défendre. Comment pouvez-vous donc motiver précisément la nécessité de la guerre étrangère sur l'existence de la guerre civile que vous avez sourdement provoquée? Vous justifierez donc une violence par une perfidie? En vérité, on a peine à croire que de pareils motifs puissent être sérieusement présentés, non pas à des têtes ambitieuses, mais à la discussion d'une assemblée législative.

On prétend que Ferdinand est prisonnier, qu'il faut se hâter d'intervenir pour sauver ses jours et les mettre à l'abri des fureurs populaires.

Messieurs, ce motif est grave sans doute, il commande toute votre attention et en même temps toute votre prudence. Vous voulez sauver les jours de Ferdinand! Ne renouvelez donc pas les circonstances qui ont conduit à l'échafaud ceux qui, dans ce moment, vous inspirent un si vif intérêt.... (Rumeur à droite.) Et j'ajoute, pour exprimer toute ma pensée, un si vif et si légitime intérêt. (A droite: A la bonne heure.)

Eh quoi! Messieurs, auriez-vous donc oublié que ce fut parce que les Stuarts cherchèrent un appui dans l'étranger, qu'ils furent renversés de leur trône (vive sensation); que ce fut parce que les puissances étrangères survinrent en France, que Louis XVI fut précipité? (Mouvement dans l'Assemblée. — Interruption à droite.)

M. *Demarçay* : Rappelez donc ces messieurs au silence, M. le président!

M. *le président* : M. Demarçay, vous n'avez pas la police de la Chambre, et je vous prie de vous abstenir de toute réflexion sur ce que doit faire le président.

M. Manuel reprend son discours.

M. *de Sesmaisons* : Allons! justifiez le régicide!

Messieurs; dit M. Manuel, à moins d'être tout-à-fait étranger à l'histoire, au récit des faits qui ont laissé des traces si durables, comment ne pas savoir que ce qui a causé la chute des Stuarts, c'est précisément la protection clandestine que la France leur accordait? Voilà ce qui a révolté contre eux l'opinion publique, et amené des malheurs qu'ils auraient évités, s'ils avaient cherché un appui dans la nation.

Auriez-vous donc oublié que, dès le moment où les puissances étrangères envahirent le territoire français, la France révolutionnaire, sentant le besoin de se défendre par des forces nouvelles, par une nouvelle énergie..... (Explosion à droite.)

Une foule de membres, se levant. — A l'ordre! à l'ordre! à l'ordre!

C'est affreux! c'est épouvantable! c'est la justification du régicide!

A gauche. — Attendez donc la fin de la phrase!

M. *le président*, se levant aussitôt : Il est impossible de ne pas faire remarquer que la manière dont l'orateur vient de s'exprimer, s'écarte entièrement de l'ordre. En parlant d'un événement qui a fait couler les larmes de la France, et qui sera l'objet d'un regret éternel, il l'a qualifié d'énergie.... (On se récrie à gauche.)

Plusieurs voix. — L'orateur n'a pas dit cela !

M. *le président :* Je mets assez de retenue dans l'accomplissement du devoir qui m'est imposé, pour qu'il ne soit pas permis de m'accuser de faire dire à l'orateur ce qu'il n'a pas dit. Je répète ses propres expressions. Il les a même prononcées au moment où il venait de parler de l'infortuné Louis XVI. Il m'était dès-lors impossible de me taire, et j'ai dû rappeler M. Manuel à l'ordre.

Tout le côté droit se lève aussitôt, étend les mains en signe de protestation, et adresse à l'honorable orateur les interpellations les plus véhémentes, au milieu d'un tumulte dont on pourrait à peine trouver l'exemple dans les séances les plus orageuses de la session de 1815.

Tous quittent leurs places et se répandent dans l'enceinte de la Chambre et dans les couloirs ; ils déclarent qu'ils ne veulent plus entendre l'orateur.

Pendant toute cette scène, M. Manuel reste tranquillement à la tribune.

M. Hyde de Neuville s'y précipite, et, se plaçant à côté de l'orateur, il gesticule de la manière la plus véhémente, et prononce plusieurs phrases qui sont entièrement couvertes par le bruit et l'agitation de l'assemblée. M. Manuel le regarde en souriant et en conservant un calme imperturbable.

Plusieurs autres membres à la fois envahissent aussi la tribune, et s'adressent avec feu à M. le président ; ils lui demandent d'ôter la parole à l'orateur.

M. *Forbin des Issarts :* Nous ne pouvons en-

tendre un orateur qui prêche ouvertement le régicide.

A gauche. — C'est faux ! c'est faux ! laissez achever la phrase , et vous jugerez ensuite ! laissez l'o-
rateur se justifier ! le réglement l'ordonne !

Lorsqu'à force de fatigue le tumulte commence
à s'apaiser , M. le président prend la parole et
lit l'art. 21 du réglement, qui ordonne que l'orateur
rappelé à l'ordre sera , dans tous les cas , entendu
lorsqu'il demandera à s'expliquer.

A droite , avec une nouvelle véhémence. —
Non ! non ! pas de justification !. nous ne voulons plus l'entendre !

A gauche. — Respect au réglement ! votre indignation porte à faux.

M. *le président*, avec force : Quand vous avez
fait le réglement , vous aviez une volonté ; le président doit la respecter. Il n'a pas le droit de faire
ce que vous lui demandez, vous le lui avez dé-
fendu vous-mêmes. Il violerait le réglement, et
vous le violeriez en persistant dans votre demande.

Ces paroles ne peuvent calmer l'irritation du
côté droit ; le désordre continue.

M. *le président*, avec dignité : Messieurs, ne
pouvant parvenir à rétablir l'ordre qui convient
à la dignité de la Chambre, je dois recourir au
réglement, qui ordonne au président de se cou-
vrir pour ramener le calme.

M. le président se couvre en effet ; la même
agitation règne parmi les membres du côté droit,
qui se tiennent debout et dispersés dans la
Chambre.

M. *le président*, se levant de nouveau, lit l'article 25 du réglement, portant que si la Chambre
devient tumultueuse, et si le président ne peut la
calmer, il se couvre ; que si le tumulte continue ,

il annonce que la séance est suspendue pour une heure , et les membres se retirent dans leurs bureaux.

Je vous invite donc de nouveau , ajoute M. le président, à reprendre vos places et à observer le réglement.

A droite. — Non ! non ! suspendez la séance.

M. *le président :* Je ne dois suspendre la séance que lorsque j'aurai perdu tout espoir de rétablir l'ordre. Veuillez donc céder à ma nouvelle invitation.

Tout est inutile; le côté droit persiste dans son refus.

M. *le président :* Je déclare que la séance est suspendue pour une heure ; j'invite MM. les députés à se retirer dans leurs bureaux.

Le côté droit quitte la salle ; le côté gauche, qui n'a pas un seul instant pris part au désordre, reste en séance.

Les députés, qui se sont retirés dans les bureaux, rentrent successivement dans la salle. Des conversations animées s'établissent sur les bancs , dans les coûloirs, au milieu de l'enceinte qui conduit à la tribune. MM. les ministres, M. le garde-des-sceaux entre autres , y prennent part. Des membres des diverses parties de l'assemblée se rapprochent et semblent s'entretenir avec chaleur de ce qui vient de se passer. M. Manuel est assis à sa place ordinaire, entouré par plusieurs de ses collègues. Il s'occupe ensuite à écrire.

Pendant la suspension de la séance, une liste est parvenue jusqu'à notre tribune, portant les noms de neuf commissaires choisis par les neuf bureaux, à l'effet, dit-on, de présenter une proposition à l'égard de M. Manuel. Nous croyons pouvoir les rapporter ici. Ce sont ceux de MM. Hyde de Neuville, Dussumier-Fonbrune, de la Bourdonnaye, Clausel de Coussergues, de Bouville, Pardessus, Forbin des Issarts, Cardonnel et de Croy-Solre.

M. le président prend place au fauteuil à quatre heures trois quarts. Il donne une seconde fois lecture de l'article du réglement, d'après lequel la séance est reprise de droit après la suspension d'une heure.

M. *Manuel* se présente de nouveau à la tribune. Le côté droit tout entier se lève avec de grands cris.

Une foule de voix. — Non! non! non! à bas! à bas! à la porte!

Le tumulte est à son comble. Le côté et le centre gauches et la plus grande partie du centre droit gardent le silence.

M. *Forbin des Issarts* a la parole pour le rappel au réglement. (Mouvement dans l'assemblée.)

Messieurs, s'écrie l'honorable membre, j'ai demandé la parole pour le rappel au réglement, pour un cas au-dessus du réglement, parce qu'il n'a pu prévoir que la Chambre serait jamais condamnée à entendre un orateur prêcher devant elle des maximes qui amènent et justifient le régicide. (Vifs applaudissemens à droite.)

Au nom du respect que la Chambre se doit à elle-même, reprend l'orateur avec une nouvelle force, je demande qu'elle manifeste son opinion sur le vœu que j'exprime pour l'expulsion de celui qui a osé professer de telles doctrines à cette tribune.

A gauche. — Oh! oh!

Une foule de voix à droite. — Oui! oui! Aux voix! aux voix! (Violent tumulte.)

· M. *le président* réclame le silence. M. Forbin des Issarts, ajoute-t-il, a demandé la parole pour le rappel au réglement. D'après le réglement même, j'ai dû la lui accorder; mais est-ce sur le rappel qu'il a parlé? Non, Messieurs; il a fait une proposition sur laquelle aucune discussion ne peut être admise, puisqu'elle n'a point été présentée dans les formes voulues par le réglement. (Aux voix ! aux voix !) M. le président rappelle les formes nécessaires pour toute proposition, et le devoir impérieux qui lui est imposé de les faire observer.

Les cris *aux voix !* éclatent au côté droit avec une nouvelle véhémence. Le tumulte redouble. Le reste de l'assemblée conserve son attitude calme.

M. Manuel n'a pas quitté la tribune. M. le président attend que le silence se rétablisse.

M. Manuel, dit-il enfin, m'a remis une lettre..... (Violente interruption à droite.) (1).

---

(1) *N. B.* Monsieur le président de la Chambre des députés n'ayant pu parvenir à faire lecture à la Chambre de la lettre que M. Manuel eut l'honneur de lui écrire dans la séance du 26 février, nous la rapportons ici telle que cet honorable député l'a fait insérer dans le *Constitutionnel* et le *Courrier français.*

« M. le président,

» L'état d'irritation dans lequel se trouve une partie de cette Chambre me fait craindre de ne pouvoir trouver dans cette séance un moment de silence pour achever l'expression d'une pensée qui, je l'espère, ne trouvera plus d'improbateurs de bonne foi dès l'instant qu'elle sera connue telle que j'ai voulu l'émettre, telle que devait la faire présumer d'avance ce que je venais de dire, telle enfin que vous n'eussiez pu, sans injustice, la blâmer vous-même, si vous m'eussiez, cette fois comme dans une autre circonstance, permis d'achever ma phrase.

» M. le ministre prétendait trouver un motif de guerre dans le besoin de prévenir en Espagne des catastrophes pareilles à celles qui ont ensanglanté la révolution d'Angleterre et la révolution française : je répondais que le moyen qu'il adoptait me paraissait précisément le plus capable d'augmenter, au lieu de les diminuer, ces dangers qu'on supposait menacer un auguste personnage, et j'en donnais pour preuve les événemens qui avaient amené le renversement des Stuarts et la mort de l'infortuné Louis XVI.

» Je demandais si l'on avait oublié qu'en France ce mal-

Une foule de voix : Nous n'en voulons pas! Non! non! aux voix! aux voix!

Le tumulte se prolonge et s'accroît au moment où M. Chauvelin paraît à la tribune.

M. le président : M. Chauvelin demande la parole pour le rappel au réglement : je dois la lui accorder; mais je lui observe, en même temps, qu'il ne peut parler que sur le rappel.

M. de Kergorlay, avec force : Aux voix la proposition ! Tout le côté droit s'écrie : Oui ! oui ! aux voix ! aux voix !

M. Manuel quitte la tribune.

---

heur avait été précédé par l'intervention armée des Prussiens et des Autrichiens, et je rappelais comme un fait connu de tout le monde, que c'est *alors que la France révolutionnaire, sentant le besoin de se défendre par des forces et une énergie nouvelle.....* C'est ici que j'ai été interrompu; si je ne l'eusse pas été, ma phrase eût été prononcée ainsi : *Alors la France révolutionnaire sentant le besoin de se défendre par des forces et une énergie nouvelle, mit en mouvement toutes les masses, exalta toutes les passions populaires, et amena ainsi de terribles excès et une déplorable catastrophe au milieu d'une généreuse résistance.*

» Personne plus que moi n'est résigné d'avance à toutes les préventions et même aux violences d'une partie des membres de cette Chambre, dont j'ai cru devoir combattre hautement et les principes et les efforts, parce que je crois, dans mon ame et ma conscience, que ces efforts et ces principes compromettent à la fois les intérêts du trône et ceux de la nation. Mais je ne dois point être privé, par des interruptions et un tumulte que vous-même avez trouvé sans excuse, du droit d'être entendu avant d'être jugé; je ne veux point qu'il soit permis, même à la mauvaise foi, de me supposer l'absurde projet d'insulter lâchement sans motif, sans intérêt, aux malheurs d'augustes victimes, dont la destinée affligea tous les cœurs généreux. Lorsque j'aurai parlé, je braverai le jugement des hommes passionnés, comme j'attendrai sans crainte celui des hommes justes.

» J'ai l'honneur d'être, M. le président, votre très-humble serviteur,

» MANUEL.

» Paris, le 26 février 1823. »

M. *Chauvelin* s'efforce vainement, à plusieurs reprises, de se faire entendre au milieu des exclamations réitérées de la droite.

M. *le président* réclame de nouveau le silence : Je dois, dit-il, accorder la parole pour le rappel au réglement. Le réglement est formel à cet égard. (Cris confus à droite : Non! oui! aux voix! silence!)

M. *le président :* Je suis trop jaloux de votre estime, Messieurs, pour mettre aux voix une proposition faite contre toutes les formes; et puisque je ne puis rétablir le calme, je lève la séance.

Le côté droit se lève au cri prolongé de *vive le Roi!*

Il est cinq heures et demie; la Chambre se sépare en tumulte et sans avoir fixé une nouvelle réunion.

SÉANCE DU 27 FÉVRIER.

La séance est ouverte à une heure et demie.

M. de Salaberry, secrétaire, donne lecture du procès-verbal ; elle est écoutée en silence. Nous remarquons que, dans la phrase du discours de M. Manuel qui a occasioné la suspension de la séance d'hier, le procès-verbal place le mot de *formes* au lieu de celui de *forces* que nous avons rapporté, ainsi que tous les autres journaux. M. de Salaberry a appuyé sur cette expression.

M. Hyde de Neuville a la parole sur la rédaction du procès-verbal.

Messieurs, dit l'honorable membre, cette séance sera importante, solennelle ; elle doit être digne de vous et de la France. Dans celle d'hier, vous avez fait éclater votre douleur, votre indignation ; vous devez aujourd'hui vous maintenir dans le calme, être énergiques comme l'honneur, impassibles comme la loi.

Il importe que, dans l'exercice de votre juridiction, vous constatiez l'exactitude des pièces à l'appui de la procédure. Je viens donc relever des inexactitudes dans le procès-verbal.

L'orateur qui a répondu à M. le ministre des affaires étrangères, a dit que le gouvernement du roi Ferdinand avait été atroce. Il s'est ensuite expliqué, mais seulement après que l'explication a été provoquée par la Chambre. Le procès-verbal ne fait pas mention de cette circonstance.

Au sujet de la phrase de cet orateur, qui a amené une si véhémente interruption, M. le président a dit : « Il est impossible de ne pas faire remarquer à l'orateur que la manière dont il s'explique actuellement, s'écarte tout-à-fait de l'ordre ; car, parlant d'un événement qui a fait couler les larmes de toute la France, et qui sera pour elle un éternel objet de douleur et de regrets, le qualifier de résultat d'une énergie nouvelle, c'est tout à la fois..... »

Ici la voix de M. le président a été couverte. Je n'examine point, Messieurs, la présomption que cette phrase peut fournir contre l'orateur ; je veux agir comme juré, avec calme, sans passion, avec une conscience française ; mais je demande qu'elle soit insérée au procès-verbal, qui ne l'a point rapportée, aussi bien que le rappel à l'ordre.

M. le président : Si le rappel à l'ordre n'a point été mentionné au procès - verbal, c'est que, d'après votre réglement, cette mention ne peut avoir lieu qu'autant que ce rappel a été prononcé pour la seconde fois.

M. Hyde de Neuville : Je ne demande point la mention du rappel à l'ordre, si elle est contraire au réglement ; mais comme, dans toute procédure, il importe de constater les faits, et que les paroles de M. le président font partie de celle qui va s'ouvrir, je demande que ces paroles du moins soient rétablies au procès-verbal. Je le demande dans l'intérêt de l'accusé (interruption à gauche) ; je dirai de l'inculpé, si vous l'aimez mieux.

M. le président : Les paroles que l'orateur vient de citer n'ont été prononcées que pour motiver le rappel à l'ordre ; et puisque ce rappel ne pouvait pas être mentionné au procès-verbal, la phrase même qui le motivait n'a pu y être insérée. (Mouvement dans l'assemblée.) Si cependant la Chambre juge nécessaire de l'y rétablir, je dois la consulter sur ce point.

La rédaction du procès-verbal est adoptée, purement et simplement, à la presque unanimité.

M. de la Bourdonnaye est appelé à la tribune pour le développement de la proposition qu'il a présentée dans les bureaux avant l'ouverture de la séance. (Vive agitation.)

M. Girardin a la parole pour le rappel au réglement.

Il est contraire à votre réglement, dit l'honorable membre, d'intervertir l'ordre de la discussion ; ce serait faire une innovation qui ne s'appuie sur aucun précédent.

Quel était hier l'ordre de la délibération ? Un orateur a été interrompu sans pouvoir achever sa phrase, et sans pouvoir s'expliquer, ainsi que le réglement lui en donnait le droit. L'objet qui était en discussion a d'ailleurs assez d'importance pour obtenir la priorité sur une proposition inspirée par les passions. (Murmures à droite.) Je demande que la délibération continue sur le projet de loi du crédit supplémentaire.

M. le président : L'article 39 de votre réglement établit que, lorsque la proposition ne sera pas relative à un projet de loi ou à un projet d'adresse, elle sera entendue à la séance publique qui suivra sa communication dans les bureaux. Plusieurs précédens ont décidé que cet article doit recevoir son exécution, lors même qu'un projet de loi serait antérieurement en délibération ; ils ont décidé également, à l'exception d'un seul, que la proposition serait entendue à l'ouverture de la séance, et c'est ce qui s'est toujours fait, hors une seule fois, au sujet d'une proposition de M. Benjamin Constant.

M. le président répond à de nouvelles réclamations du côté gauche, que, d'après le réglement, la proposition ne doit être lue préalablement en comité général et secret, que lorsqu'elle a pour objet un projet de loi ou un projet d'adresse. Il rappelle que cette question a, en outre, été résolue par une délibération spéciale de la Chambre.

M. Demarçay rappelle à l'exécution de l'art. 40 du réglement, portant que l'auteur d'une proposition doit, après l'avoir lue, annoncer le jour où il sera entendu.

M. le président répond que la Chambre a également décidé, par des précédens, que l'art. 40 n'était applicable qu'à une proposition pour un projet de loi ou d'adresse ; mais, comme cet article est sujet à interprétation, et qu'il s'élève une nouvelle difficulté sur celle qu'il convient de lui donner, il annonce qu'il va consulter la Chambre.

M. Casimir Périer demande la parole pour un autre rappel au réglement.

L'honorable membre invoque l'art. 15, portant que le président indiquera, à la fin de chaque séance, l'heure d'ouverture de la séance suivante, et *l'ordre du jour, lequel sera affiché dans la salle.* Il observe que la proposition de M. de la Bourdonnaye n'a point été annoncée hier comme devant être portée à l'ordre du jour de la présente séance, et qu'il est facile à chacun de s'assurer qu'elle n'est point inscrite sur celui qui est affiché dans la salle.

L'observation des formes, ajoute l'orateur, doit être d'autant plus rigoureuse, qu'il s'agit d'une question de la plus haute importance. Plus elle offre de gravité, et plus vous devez craindre de violer les règles que M. le président a maintenues hier avec caractère et dignité.

Pourquoi, d'ailleurs, tant de répugnance à différer l'examen d'une proposition née d'une séance orageuse ? C'est une raison de plus pour l'ajourner ;

et si la question d'ordre du jour ne l'exigeait, une question de décence devrait vous suffire pour vous résigner à moins d'impatience. La séance d'hier a été assez tumultueuse pour qu'une semblable journée n'ait pas de lendemain.

M. le président : Je vais consulter la Chambre.

A gauche. — Exécutez le réglement.

M. le président : L'art. 39 porte, je le répète, que la proposition sera entendue à la séance publique qui suivra sa communication dans les bureaux. Or, cette communication a été faite ce matin, maintenant on demande le renvoi ; je dois consulter la Chambre.

A gauche. — Non ! non ! l'ordre du jour !

La demande de renvoi est rejetée par le côté et le centre droits.

M. de la Bourdonnaye a la parole. (Profond silence.)

M. de la Bourdonnaye : Messieurs, jamais je ne parus devant vous avec une émotion plus profonde ; jamais je ne sentis davantage combien peut être quelquefois pénible l'accomplissement d'un rigoureux devoir.

Conduit à cette tribune par la nécessité d'opposer à un grand scandale une réparation éclatante, ce n'est que malgré moi que je vous rappellerai des expressions d'autant plus affligeantes qu'elles ne nous ramènent à l'époque la plus douloureuse de notre histoire que pour nous en présenter l'apologie la plus criminelle.

L'orateur qui les a proférées, signalé par de graves et fréquentes récidives, a déjà vainement épuisé plus d'une fois toutes les rigueurs que l'indulgente sévérité de vos réglemens confie au pouvoir discrétionnaire de votre président. Traduit aujourd'hui devant vous par l'indignation générale, non pour un mot, pas même pour une phrase

involontairement échappée à la difficulté de l'im-
provisation, mais pour un discours tout entier,
dont l'ensemble et le détail, également criminels,
font non-seulement revivre les doctrines perni-
cieuses qui firent tant de ravages parmi nous, mais
vont encore jusqu'à justifier le plus épouvantable
des forfaits qu'elles enfantèrent, trouvera-t-il une
dangereuse impunité dans l'insuffisance de vos réglemens, et cette tribune, consacrée à la défense
de nos institutions, n'aura-t-elle été élevée que
pour protéger ceux qui voudraient en détruire la
première et la plus auguste garantie ?

Non, Messieurs, et c'est par cela même qu'une
Chambre française n'a pas pu prévoir qu'un député
dont l'obligation première est d'être loyal et fidèle,
abusât jamais de la liberté des opinions pour pro-
clamer dans cette enceinte l'apologie du régicide ;
c'est par cela même que cette inviolabilité des opinions le soustrait encore à la juridiction des tribunaux, qu'il doit exister quelque part une haute juridiction à laquelle soient soumis de pareils discours.

C'est en vous qu'elle réside, Messieurs, cette
haute juridiction. Elle est une condition nécessaire
de votre existence comme corps politique, comme
pouvoir de la société. Si elle existait hors de vous,
vous seriez dans la dépendance de ceux qui l'exer-
ceraient.

Or, un corps politique n'est un pouvoir que
parce qu'il n'est sous la dépendance d'aucun autre
pouvoir : pouvoir et dépendance impliquent contradiction dans les termes.

Votre indépendance, comme branche du pouvoir législatif, existe dans la liberté de vos votes
et de vos opinions, dans l'inviolabilité de votre tribune. Cependant, pour jouir de cette liberté, de
cette indépendance, sans tomber dans tous les

désordres de l'anarchie, il faut qu'il existe un droit de punir les fautes, les délits, les crimes commis dans l'exercice de cette liberté. Ce droit, c'est votre juridiction. C'est en vous qu'elle réside, c'est la Chambre qui l'exerce; jamais vous ne pouvez vous en dessaisir. Vous ne pouvez jamais la déléguer, même momentanément, cette haute juridiction; car celui auquel vous la délégueriez aurait le pouvoir de comprimer, de détruire cette liberté de votes et d'opinion, cette inviolabilité de la tribune qui vous constitue pouvoir de la société, et alors vous auriez cessé d'exister.

Si vous ne pouvez pas la déléguer sans renoncer à votre existence, elle est inaliénable de droit, elle réside constamment en vous, et soit que, par des décisions antérieures, vous ayez déterminé le mode dans lequel vous l'exerceriez, soit que vous vous soyez réservé le pouvoir de l'exercer spontanément, suivant l'occurrence des circonstances plus ou moins graves qui se présenteraient, vous n'êtes jamais liés que par vos propres décisions ; et par la raison que la juridiction qui réside dans un des pouvoirs de la société, est la condition de son existence, cette juridiction doit nécessairement être proportionnée à la nature des crimes ou des délits qui peuvent menacer cette existence.

Elle n'a donc de limites que celles du crime lui-même qu'elle aurait à punir, non dans l'intérêt de la justice criminelle, mais dans l'intérêt de la justice de sa propre conservation. Mais la peine la plus forte qu'une Chambre des députés puisse infliger à ses membres, c'est de l'exclure de son sein, si sa présence peut y être dangereuse, ou seulement si elle y est un scandale public, et qu'elle porte une très-forte atteinte à la dignité et à la considération.

Si ces principes sont incontestables, Messieurs,

on pourrait sans doute en conclure que la Chambre n'eut jamais le droit de déléguer à son président l'autorité qu'elle lui a confiée lors des modifications apportées à son réglement. Mais, quelle que soit mon opinion sur ce fait, laissant de côté la rigueur du principe, il résulte du moins de l'existence de ce réglement, que vous n'avez délégué à votre président que le droit de punir les infractions à l'ordre et à la décence de vos délibérations, que vous n'avez délégué que la juridiction de police de la salle, et que vous vous êtes par-là réservé la haute juridiction sur vos membres, c'est-à-dire le droit de punir les fautes graves, les délits ou les crimes qui pourraient être commis dans cette enceinte et dans l'exercice des hautes fonctions législatives qui vous sont déléguées. (Interruption à gauche.)

M. de Lameth : C'est la doctrine de la Convention.

M. le président réclame le silence.

M. de Lameth répète plusieurs fois son observation.

M. de la Bourdonnaye : C'est à raison de cette haute juridiction que je crois de mon devoir de traduire devant vous M. Manuel, député du département de la Vendée, à raison du discours qu'il a prononcé dans votre dernière séance.

Je ne rappellerai point ce discours, Messieurs; je craindrais d'en renouveler le scandale; peut-être même ne serait-il pas en mon pouvoir d'en parler avec la modération qui convient à l'accusation solennelle que je porte aujourd'hui devant vous.

Vous les avez entendues, Messieurs, ces expressions; elles ont été répétées par l'orateur; vous en avez saisi, vous en avez pesé le sens et la gravité. Appelés à prononcer comme jurés, toute discussion sur ces expressions qui tendrait à substituer l'opinion que j'en porte à l'impression qu'elles ont faite sur vous-mêmes au moment où elles ont été prononcées, aurait le grave inconvénient d'influencer votre jugement. C'est au sentiment que vous avez éprouvé, c'est au souvenir qui en reste profondément gravé dans vos cœurs, que j'en appelle : ce sont là les meilleurs et les plus véridiques témoins que je puisse invoquer.

Défenseurs des pouvoirs de la société, vous ne souffrirez pas qu'une attaque contre le premier, contre le plus auguste de tous ces pouvoirs, demeure impunie.

Défenseurs des libertés publiques, vous ne souffrirez pas qu'on abuse à ce point de la première de toutes, de celle qui protége toutes les autres, de la tribune nationale, pour rendre odieux et impossible le gouvernement représentatif.

Convaincus des funestes effets d'une trop longue indulgence, vous dépouillerez du manteau de l'inviolabilité celui qui, ne l'ayant reçu que pour la défense de la société, tourne contre elle-même la garantie qu'elle lui avait accordée.

Vous éloignerez de la tribune celui qui, n'y ayant été envoyé que sur la foi du serment d'être loyal et fidèle député, et d'obéir aux lois du royaume, n'y monte jamais que pour les attaquer et les rendre odieuses.

Qu'il cesse d'être le représentant de cette contrée à jamais célèbre sous le nom de *terre classique de la fidélité*, celui qui ne craignit pas de faire devant vous l'apologie du régicide (nouvelle interruption à gauche ; un grand nombre de voix : Ça n'est pas ! ça n'est pas !), de ce forfait qui, soulevant en un instant la Vendée, enfanta tout-à-coup une armée de héros.

Qu'il cesse d'être député ; qu'il jouisse à ce prix, pour la dernière fois, de l'inviolabilité que ce titre lui assure, et que votre décision, Messieurs, reste à jamais déposée dans vos archives, comme un monument élevé pour prévenir le retour de pareils attentats.

Je persiste dans ma proposition.

Une foule de voix au côté droit. — Appuyé! appuyé!

M. Etienne : L'orateur qui m'a précédé à cette tribune a fondé la demande de l'exclusion de M. Manuel sur des doctrines tendant à justifier le régicide. Des doctrines si odieuses n'exciteraient sur nos bancs qu'une unanime indignation; il n'est parmi nous personne qui ne regarde l'attentat du 21 janvier comme le renversement de toutes les lois divines et humaines. L'histoire impartiale dira quelles furent les premières causes de cette affreuse catastrophe; mais dès aujourd'hui, nous pouvons l'affirmer, elle proclamera que la France y fut étrangère.

Une faction anarchique et sanguinaire régnait alors sur le pays.... Elle dominait même le gouvernement de cette époque sinistre, et peut-être est-il juste de reconnaître que la Convention elle-même eût épargné les jours de l'infortuné Louis XVI, si quelques-uns de ses membres n'eussent voté sous l'influence de la terreur et de la mort.

Les sentimens que je professe aujourd'hui, et qui ont été ceux de toute ma vie, tous mes honorables amis les partagent avec moi. (M. Delaborde, et le côté gauche en masse se levant avec lui : Oui, tous!) — Rumeur à droite. — *M. de Lameth* : Nous l'avons prouvé avant vous.) Les uns, avant le 10 août, défendaient, au péril de leur vie, le trône constitutionnel; d'autres expiaient dans les cachots leur horreur profonde pour l'anarchie et pour la licence. Et c'est parce qu'ils en éprouvèrent les terribles effets, qu'ils désirent si ardemment un gouvernement sage et constitutionnel ; c'est parce qu'ils pensent que le pouvoir absolu rouvre toujours l'abîme des révolutions, qu'ils l'arrêtent de tous leurs efforts dans sa marche périlleuse.

Qu'aurais-je besoin, Messieurs, de faire ici cette profession de foi, si je n'avais à parler que devant la France, qui connaît les hommes qu'elle a honorés de sa confiance ? Mais il importe de démentir hautement devant l'Europe ces calomnies odieuses qui signalent comme des fauteurs de l'anarchie et du régicide les défenseurs de la Charte et des libertés publiques. Il importe de dire et aux rois et aux peuples, qu'on ne professe parmi nous que les principes sur lesquels reposent la stabilité des empires et le bonheur des nations ; il importe de répondre par cette loyale déclaration, que nous puisons dans nos cœurs, à ces sinistres documens où l'on arme de poignards des fantômes sanglans qu'on fait apparaître devant tous les trônes, et où l'on semble s'être imposé la tâche de recommander la France à la colère des rois. (Bravos à gauche.)

Après m'être ainsi expliqué, je ne défendrais pas sans doute, dans cette enceinte, une apologie ou une justification du régicide, et c'est parce que je suis convaincu que cette pensée est aussi loin du cœur de M. Manuel que du mien, que je viens m'opposer à la mesure violente qui vous est proposée. Hier, Messieurs, une prévention fatale a pu seule exciter la scène qui a affligé tous les vrais amis du gouvernement représentatif. Sur une phrase qui n'était point achevée, était-il juste d'asseoir une opinion ? (Murmures à l'extrême droite.)

M. Etienne : Messieurs, vous avez accordé tant d'attention à l'accusateur, que vous ne refuserez pas la même faveur à la défense.

Plusieurs voix au centre de droite. — C'est juste.

M. Etienne reprend : Et comment, Messieurs,

n'avez-vous pas voulu permettre à M. Manuel de finir cette phrase? Comment lui avez-vous refusé, après le rappel à l'ordre, le droit d'être entendu, que lui accorde votre propre réglement?

Non-seulement vous avez à vous reprocher envers lui ce déni de justice, mais vous n'avez pas souffert que M. le président, qui a fait tous ses efforts pour contenir des passions en désordre; vous n'avez pas souffert, dis-je, qu'il vous donnât communication d'une lettre que M. Manuel venait d'écrire au pied même de cette tribune orageuse où sa voix n'avait pu se faire entendre. Cette lettre, Messieurs, est aujourd'hui publique; on ne dira pas que le temps et la réflexion l'ont dictée. Les sentimens que M. Manuel y exprime sont tels qu'ils doivent éclairer la passion la plus aveugle, et désarmer la colère la plus opiniâtre; et si hier vous aviez consenti à en entendre la lecture, vous vous seriez, j'en suis persuadé, abstenus de cette proposition illégale, faite par une commission illégalement nommée (voix à gauche : C'est vrai); vous n'auriez pas donné dans la même séance l'affligeant spectacle d'une violation successive de toutes vos règles parlementaires.

Eh! Messieurs, si les lois sont méconnues dans le sanctuaire où elles se discutent, si vous brisez vous-mêmes tous les liens de discipline, si vous êtes sourds à la voix de celui-là même que vous avez investi de vos pouvoirs; quels tristes, quels funestes exemples ne donnez-vous point à tous les corps administratifs et judiciaires? Ne craignez-vous pas de leur apprendre, dans ces temps où il n'y a que trop de haines politiques, que vous ne connaissez d'autre jurisprudence que celle de vos passions?

Et, non contens d'avoir foulé aux pieds vos lois intérieures, vous nous proposez de violer toutes les lois les plus sacrées : vous voulez frapper sans entendre, vous voulez refuser à un de vos collègues la justice qu'obtient le plus obscur des malfaiteurs; dépouiller le député des garanties et des droits du citoyen! Messieurs, prenez-y garde, agir de la sorte, ce n'est pas juger, c'est proscrire. (Bravos à gauche et au centre de gauche.)

C'est, sans vous en douter, ressembler à cette assemblée qui vous inspire tant d'horreur, et qui, en se mutilant elle-même, montrait assez le sort qu'elle réservait à la France. Elle aussi condamnait par acclamation; elle aussi interprétait les phrases pour punir les hommes. Messieurs, pouvez-vous sans frémir songer aux résultats de la mesure qu'on veut vous faire improviser? Il n'y aura plus de Chambre des députés le jour où il sera prouvé que la violence d'une majorité peut détruire l'ouvrage d'un collége électoral, et dans quel pays? dans la France, où, sur tant de millions de propriétaires, il y a si peu d'électeurs; et dans quelle circonstance? lorsqu'un député réfute un ministre qui vient demander l'or et le sang des Français.

Messieurs, c'est par la violation de toutes les lois que sont arrivées ces catastrophes dont a gémi toute la France; c'est aussi par la violation des lois que périssent les institutions politiques. En frappant un de vos membres, vous vous frappez vous-mêmes, vous êtes accusateurs et juges; vous immolez tout à la fois, le droit de défense, les lois, la justice et la liberté.

Je vote contre la prise en considération.

L'orateur, en descendant de la tribune, est accueilli par les félicitations de ses collègues du côté et du centre gauche.

A droite. — Aux voix! aux voix!

M. le président lit l'art. 42 du réglement, portant que, la proposition étant appuyée, le président consulte la Chambre pour savoir si elle la prend en considération, si elle l'ajourne, ou si elle déclare qu'il n'y a pas lieu à délibérer.

A droite. — Aux voix! aux voix!

M. Girardin s'élance à la tribune.

On demande, s'écrie l'honorable membre, où vous prendriez le droit d'expulser de cette enceinte un homme qu'y ont envoyé les suffrages d'un collége électoral; on demande à quel titre vous faites une proposition qui renverse le gouvernement représentatif; une proposition, ouvrage d'une faction!..... (Vive interruption à droite.)

M. le président : Dire qu'une proposition soumise à la Chambre est l'ouvrage d'une faction, c'est adresser une insulte personnelle au membre qui l'a présentée, comme à ceux qui l'appuient: je dois rappeler l'orateur à l'ordre.

M. Girardin : Je dis qu'admettre une proposition aussi illégale, aussi subversive du gouvernement constitutionnel, ce serait l'action d'une assemblée usurpatrice; vous n'eussiez jamais dû souffrir qu'on l'offrît à votre délibération; nul d'entre vous n'avait le droit de le faire. Elle viole la Charte, qui est au-dessus des factions; elle viole le réglement, garantie de la minorité contre ces passions furieuses.

Hier une commission, je dois dire le mot, une commission insurrectionnelle a été nommée....... (Vive interruption à droite), nommée sans l'invitation du président.

Ici l'orateur, rappelant que l'ordre de la séance d'hier a été troublé à plusieurs reprises par des interruptions parties d'une des tribunes réservées au public, en conclut que la scène d'hier avait été évidemment arrangée d'avance. (Nouvelle interruption.)

Une foule de voix. — A l'ordre ! à l'ordre !

M. le président : Accuser la Chambre d'avoir préparé d'avance ce qui n'a été que le résultat du discours d'un orateur, c'est dire une chose qui, si elle n'était pas au moins inconvenante, mériterait un autre nom. (On rit à droite.)

Les mêmes voix. — A l'ordre ! à l'ordre !

M. Girardin : Mon intention n'est assurément pas d'insulter la Chambre ; je veux seulement rappeler les faits. Je dois dire que j'ai vu des membres de cette Chambre s'abstenir de partager la violence de ceux avec lesquels ils votent ordinairement. Ces membres siégent dans ce centre.... (Vive interruption à droite.)

Pour rentrer dans la question, je vous répète que vous n'avez pas le droit que vous vous arrogez ; je dis que vous deviendriez usurpateurs ; je dis que vous ne pouvez attaquer les suffrages des colléges électoraux. Ces suffrages sont indépendans des passions et de la haine.

Je demande l'ordre du jour.

A droite.— Aux voix ! aux voix !

M. Delalot : Je n'envisagerai la question que dans son principe, et nullement dans son application au cas présent. C'est une réserve que m'impose cet esprit de justice, supérieur aux passions même les plus honorables.

Je me bornerai donc à répondre à ceux qui nient la réalité du droit qu'on vous propose d'exercer, sous prétexte qu'il n'est consacré par aucune loi préexistante.

Ce principe est parfaitement applicable aux cas ordinaires, placés dans le domaine de la prévoyance législative ; mais il est une loi suprême pour tout corps politique, une loi née de son exis

tence même, née du besoin de sa conservation.
(Rumeur à gauche.)

Or, Messieurs, aucun corps politique ne peut
vivre sans honneur. Si donc quelque circonstance
se présente, qui compromette cette première condition de son existence, la nécessité crée pour lui
le droit d'écarter ce qui le met en péril.

Je le répète, je ne prétends tirer de ces réflexions
que des argumens à l'appui de la prise en considération, et je ne m'occupe pas de leur application
au cas présent. (Aux voix ! aux voix !)

M. Tripier : Nourri dans les principes d'une sou-
mission entière à l'autorité légitime, d'un amour
sincère pour nos princes et pour leur dynastie, ne
craignez point que je justifie jamais des paroles qui
pourraient blesser ce double sentiment. Soyez cer-
tains aussi que sur les bancs où je siége, il est partagé par ceux qui s'y placent avec moi.

Au sujet d'une discussion affligeante pour nous,
pour la France, tâchons d'examiner une grave et
importante question.

L'appel fait à des sentimens d'ailleurs honorables
par l'auteur de la proposition, a aussi ses dangers.
Il est à craindre qu'inspiré par des sentimens de
cette nature, et par cela même qu'ils sont honorables, on ne s'aveugle sur les fautes où leur ar-
deur peut entraîner.

Le préopinant n'a considéré qu'un côté de la
question ; car en admettant même que les pouvoirs
d'un corps politique allassent jusqu'au droit d'exclure celui qui en fait partie au même titre que
tous les membres, il est du moins indispensable
que ce droit soit consacré par une disposition écrite.
Remarquez qu'on s'est toujours servi des mots *délit,
peine, juridiction ;* or, il est une maxime fondamentale de toute jurisprudence ; c'est qu'il est impossible d'établir en même temps une disposition

et de l'appliquer à un cas antérieur : cette maxime est protectrice pour tous.

On a invoqué la loi suprême de la conservation ; qu'on tremble devant un prétexte de cette nature ! Il n'a été que trop souvent l'occasion et le motif de déplorables infractions à la justice, à l'équité. Sans doute de grandes considérations peuvent se présenter, devant lesquelles le principe commun doit se taire ; mais en quoi de telles considérations seraient-elles sacrifiées à votre égard, si vous ajoutiez, pour l'avenir, à votre règlement un article qui frapperait de terreur ceux qui manqueraient à ce que leur serment leur impose, un article qui serait à la fois une garantie pour la Chambre, un avertissement pour chacun de ses membres ? Voilà ce que vous pourriez faire tout au plus.

Mettre votre honneur à l'abri ! Sans doute un pareil soin vous importe ; mais s'il arrivait qu'un député s'écartât de son devoir, sommes-nous donc les uns et les autres tellement solidaires, qu'après avoir signalé hautement notre approbation, il fallût encore prononcer son exclusion pour mettre votre honneur à couvert ?

Vous proposez d'expulser un député. Cette expulsion est-elle autorisée par la Charte ? et si elle ne l'est pas, vous dissimulez-vous l'incalculable danger d'introduire une espèce d'ostracisme, dont il se peut qu'on abuse plus tard ? et cela contre vous-mêmes, Messieurs ; car ce que vous décidez aujourd'hui, un jour peut-être on s'en servira contre vous.

Qui peut vous répondre que la révolution soit si complétement terminée, que les passions terribles ne puissent encore ressaisir leur règne ? Qui peut vous répondre qu'après vous, des hommes moins sages ne se prévaudront pas du moyen que vous leur aurez préparé pour frapper quiconque déploierait contre leurs projets insensés ou coupables quelque vigueur et quelque énergie ?

Ainsi donc vous n'avez pas le droit d'exclusion, et surtout vous n'avez point celui de l'exercer rétroactivement. Je vote contre la prise en considération. (Aux voix ! aux voix !)

M. Manuel paraît à la tribune. (Rumeur à droite.)

Une voix. — A la barre.

Une autre voix. — Nous n'en finirons pas. (Mouvement prononcé à gauche.)

M. Hyde de Neuville demande que la Chambre statue d'abord sur la prise en considération. Il soutient que M. Manuel ne peut prendre la parole qu'après qu'elle aura été décidée.

M. le président : Une proposition a été faite contre M. Manuel. Il demande à répondre ; je ne puis lui refuser la parole.

A droite. — Oui ! oui !

M. Manuel : Les paroles d'impatience que j'ai entendues tout à l'heure, m'ont rappelé qu'il fut un temps où l'on s'exprimait à peu près de la même manière. Je ne veux point insister sur de pénibles souvenirs.

Ce que je veux, ce qu'il m'importe, c'est que vous soyez bien convaincus que je n'ai pris la parole ni dans l'espoir ni dans le désir de conjurer l'orage amassé contre moi ; je veux constater seulement que la mesure proposée est un acte de tyrannie, que rien ne justifie, que je n'ai provoqué d'aucune manière.

Vous avez entendu les allégations qu'on s'est permises contre moi ; on a senti qu'il serait difficile de trouver l'espèce de crime dont on m'accuse dans les phrases inculpées de mon discours. Aussi, par un art que je veux bien ne pas qualifier.... (mouvement à droite) ; par un art, dis-je, que je veux bien ne pas qualifier, s'est-on bien gardé

de répéter ces phrases. C'est de cette manière encore qu'on en agissait autrefois quand on voulait
sans scrupule, quand on pouvait, sans moins de
succès, se dispenser de fournir des preuves.

On a senti également que, pour exciter le sentiment dont on avait besoin, il ne suffisait pas de ce
que j'ai dit hier ; on a fait un appel à d'autres souvenirs ; on a soigneusement reproduit devant vous
des allégations destinées naguère à servir un projet
qu'on avait été contraint d'abandonner.

On s'était proposé, je le sais, d'annuler les élec-
tions de deux colléges de la Vendée, on s'en était
vanté d'avance hautement. On avait mendié partout des protestations dictées pour invalider les
suffrages indociles de deux colléges électoraux,
pour éloigner de cette enceinte un homme qui s'y
présentait de nouveau, honoré pour la seconde fois
de leur libre confiance.

Il a fallu renoncer à cette illégale tentative ; il
était trop évident qu'en me rappelant à la Chambre, mes commettans proclamaient qu'ils approu-
vaient tous mes actes, qu'ils étaient contens de
ma conduite. Un reste de pudeur n'a pas permis
de vous faire une proposition contre laquelle ils
avaient protesté d'avance. L'on a senti que les passions d'une faction ne pouvaient m'écarter de cette
tribune, où m'envoyaient des votes indépendans.

L'on s'enhardit aujourd'hui, et l'on veut trouver
dans ma conduite des motifs d'exclusion. Cette
conduite, Messieurs, est à l'abri de votre critique ;
elle est à l'abri, parce que toute espèce de juridiction à mon égard est épuisée ; lorsque j'ai pu paraître en faute aux yeux d'une majorité prévenue,
j'ai été rappelé à l'ordre. Je n'examinerai point si
c'est à tort ou à raison, mais enfin la juridiction a été remplie, et lorsque, malgré vos clameurs,

M. le président a gardé le silence, c'est qu'il n'avait plus rien à dire.

L'on se prévaut aujourd'hui de nouvelles imputations. Si elles sont justes, peu importerait que j'eusse su, jusqu'à ce moment, me conserver irréprochable; peu importerait que la séance d'hier m'eût trouvé à l'abri de toute inculpation, si hier j'avais mérité l'animadversion publique, le blâme d'une majorité consciencieuse.

L'auteur de la proposition serait, en ce cas, fondé, sinon dans sa proposition, ce qu'il serait facile de démontrer, du moins dans les allégations qu'il s'est permises à l'appui.

J'ai, dit-on, prêché le régicide. Messieurs, je n'aurai pas besoin, pour me disculper, d'exprimer mon opinion sur un terrible événement, car notre droit, à cette tribune, est de citer les faits, sans être tenu de les qualifier. Si les circonstances, en effet, exigeaient de la réserve sur des questions graves que le temps seul peut résoudre, sur des faits qui ne pourraient être jugés qu'à une grande distance de l'époque qui les a vu survenir, loin de blâmer cette réserve, il faudrait prudemment l'approuver.

Je puis, à cet égard, me prévaloir d'un mot bien heureux et rempli de sagesse sur l'événement que je citais hier. Savez-vous, lorsqu'un ministre du Roi s'exprimait sur cet événement, savez-vous ce qu'il écrivait :

« De telles calamités, disait-il, ne peuvent être trop tôt oubliées, si ce n'est qu'il faille les rappeler pour s'en préserver. Louis XVI, comme OEdipe, a disparu au milieu d'une tempête. »

Eh bien, Messieurs, c'est contre le retour de cette tempête que je voulais vous prémunir hier, et je vous faisais souvenir des déplorables conséquences que pouvaient ramener, dans une position analogue, les invasions de l'étranger. Je venais de dire, auparavant, en parlant des victimes de notre révolution, qu'elles méritaient un vif et légitime intérêt, ajoutant que j'étais bien aise que ce mot exprimât toute ma pensée.

Quoi! j'ai pu prêcher le régicide, au moment où je vous dissuadais de faire ce qui pouvait l'amener! Quoi! je prêchais le régicide en vous exhortant à le prévenir!

Je vous le demande, Messieurs, y a-t-il le moindre prétexte, la moindre bonne foi dans cette accusation? Quels mots, si contraires à ma première pensée, ont pu vous paraître l'écho d'une pareille doctrine? Quel intérêt pouvait me décider à la soutenir devant vous? Ne tendais-je pas à un but tout opposé? ne voulais-je pas prévenir les causes d'une telle catastrophe?

En vérité, Messieurs, vous me prêteriez là une étrange absurdité; mais les termes dont je me suis servi ne vous laissent pas même cette ressource. Je disais qu'au moment où l'invasion vint menacer notre pays, la France révolutionnaire sentit qu'elle avait besoin de se défendre par de nouvelles forces et par une énergie nouvelle.

A droite. — Formes! formes! vous avez dit *formes.*

A gauche. — Non! non! Forces!

M. Manuel : Je suis bien aise de déclarer qu'hier, en écrivant à M. le président, et l'irritation qu'avait manifestée une partie de la chambre me faisant hésiter, j'ai consulté la mémoire des personnes occupées à recueillir nos discussions. *Le Moniteur* avait entendu *formes;* mais deux autres journalistes avaient entendu *forces,* et plusieurs de mes collègues aussi.

Au surplus, bien que j'aie dit ce dernier mot,

je déclare que j'adopte celui que vous avez cru entendre. C'est là que j'ai été interrompu.

Il est mille fois évident pour tout homme de bonne foi, que je préparais par des prémisses le résultat auquel je voulais arriver. Je disais qu'il fallait écarter l'emploi de moyens qui, effrayant les révolutions, les font recourir, pour se défendre, à de terribles ressources, les poussent à exaspérer toutes les passions, à soulever toutes les masses, et les engagent ainsi dans une route d'où l'on ne voit plus le point auquel l'on s'arrêtera.

Eh ! qui ne sait, Messieurs, que la passion s'emparant des têtes les mieux faites, on a vu l'arrêt fatal sortir de la bouche d'un homme qui, le lendemain, versera des larmes sur cet arrêt ? Voilà ce qui est partout, voilà ce que constatent les écrits mêmes de nos adversaires. Lisez les Mémoires de M. de Rivière, lisez ceux du marquis de Ferrières, et vous verrez qu'ils attribuent la perte du roi à l'invasion étrangère, qu'ils font dériver le mal du remède qu'on voulait lui opposer. Le sens de ma phrase était donc bien évident.

Mais, Messieurs, en supposant même qu'il eût offert le moindre doute, qu'il eût fourni matière à des préventions; l'usage, la sagesse, la justice, tout ne disait-il pas, qu'avant de me condamner sur une phrase commencée d'un discours improvisé dans une question si grave, compliquée par tant d'incidens, il fallait m'entendre jusqu'au bout? Ne devait-on pas, du moins, après le rappel à l'ordre, entendre mes explications ?

C'était le devoir de M. le président de me maintenir la parole pour la justification de ma pensée : il en avait le droit; il ne l'a pas fait, et je ne lui en fais point un reproche. Il a cru, sans doute, que, dans cette circonstance extraordinaire, il ne pouvait, comme de coutume, faire observer le

réglement, et qu'il devait se résigner à une conduite qui n'était pas en harmonié avec sa conduite
habituelle. C'est ainsi, du moins, que je concilie
l'une et l'autre.

Mais, quelle qu'ait été son intention, n'avez-vous
pas prévu, dans votre réglement, qu'un orateur
rappelé à l'ordre aurait le droit de s'expliquer, et
vous êtes-vous conformés à cette disposition établie
par vous-mêmes? Vous n'en avez rien fait, Messieurs; vous n'avez pas voulu m'entendre; et, dans
de telles circonstances, vous appartenait-il d'in-
terpréter ma phrase, en contradiction avec ce qui
la précédait et malgré son but évident?

Eh! Messieurs, la doctrine du régicide est aussi
loin de mon cœur que du vôtre. Avez-vous oublié
que, par mon âge, j'ai dû rester plus étranger que
vous aux événemens de la révolution? J'étais alors
aux armées, où vous prétendez que l'honneur
français s'était réfugié : non, assurément, que
j'accepte pour elles un hommage qu'on leur rend
aux dépens de la nation. L'honneur français était
partout, et à quelques excès que la révolution se
soit portée, nous n'oublierons jamais qu'appelée
par les vœux de la France, défendue par elle au
prix de son sang et d'immenses sacrifices, elle lui
a laissé en échange une gloire impérissable et d'im-
mortels bienfaits. Nous n'oublierons jamais que
nous existons, et vous-mêmes avec nous, en vertu
des résultats qu'elle a produits; résultats sacrés,
reconnus, soit volontairement, soit parce qu'il ne
dépendait pas de vous de les affaiblir.

Ainsi donc, je le répète, je n'entends pas re-
porter sur l'armée seule les glorieux titres acquis
à cette grande, à cette généreuse nation tout entière; mais du moins est-il vrai de dire que, pendant le cours d'une sanglante révolution, l'armée

n'a versé d'autre sang que le sien et celui de l'ennemi. (Vifs applaudissemens à gauche..)

Peut-être, parmi vous qui me jugez, en est-il
beaucoup qui ne peuvent pas prétendre être restés impassibles, être restés étrangers aux événemens; qui ne peuvent pas dire dans quels rangs,
dans quelle position ils se trouvaient, et c'est à
ceux-là que je demande s'ils sont placés dans une
situation telle qu'ils aient acquis le droit de juger
les hommes et les choses.

Ainsi donc, ma vie toute entière répondrait à
vos reproches; mais j'ai montré de la chaleur à
cette tribune contre le parti que je suis appelé à
combattre. Messieurs, c'est là mon crime, et je
suis bien loin, certes, de vouloir m'en défendre.
Je sais bien que si j'eusse fait voir moins de chaleur, moins de courage peut-être, vous eussiez
laissé passer des phrases plus répréhensibles. Je le
sais, mais c'est une extrémité à laquelle je suis depuis long-temps résigné.

J'ai fait mon devoir, ma conscience m'en répond. Si je suis éloigné de cette enceinte, si j'y
demeure, je continuerai à le remplir. J'abjure d'a-
vance tout ce que j'aurais pu ou pourrais dire
d'inconvenant; mais, à part cela, tout ce qui est
le fond de ma pensée, tout ce qui a fait connaître
mon inébranlable conviction, hier, comme par
le passé, je l'invoque; j'en appelle à mes paroles
comme à ma conduite.

Voulez-vous, Messieurs, que je vous donne
pour preuve que ce sont des préventions qui me
poursuivent, et non le désir de faire justice?

Vous avez entendu un orateur déclarer à cette
tribune que la Charte était une garantie odieuse;
et vous l'avez écouté en silence. Cet orateur, c'est
celui même qui demande aujourd'hui mon expulsion.

M. de la Bourdonnaye : Ma phrase s'appliquait à l'Espagne.

M. Manuel : Je vais la lire.

M. de la Bourdonnaye : Je parlais de l'Espagne.

M. Manuel, avec force : Je vais la lire.

Plusieurs voix à droite. — Il s'agissait de l'Espagne.

M. Manuel : Je vais la lire. Vous apparaissez, vous, à cette tribune, sans oser lire les phrases que vous inculpez. Moi, je lis les vôtres. (Bravos à gauche.)

Vous avez dit : « Dois-je accorder au gouvernement de nouveaux moyens de soutenir un système funeste et d'imposer à un roi captif, à une nation asservie, *une charte, garantie odieuse* des intérêts matériels de la révolution ; » vous avez dit : la *charte*; vous l'avez dit. A quoi faisiez-vous allusion ? ce sont ces paroles qui ont décidé un ministre à venir déclarer à la tribune que le gouvernement ne comptait nullement imposer la Charte aux Espagnols.

Je veux bien croire que par *Charte* vous entendiez la constitution des cortès ; mais ce mot de *Charte* doit ici avoir quelque chose de sacré, et chacun a pu voir si le silence qui a régné lors de votre phrase, et la manière dont j'ai été interrompu hier, doivent me faire espérer de trouver ici de la justice.

Il me reste à examiner maintenant de quel droit la proposition a été faite, de quel droit on demande la peine indiquée dans cette proposition ?

Ici M. Tripier a cru pouvoir consentir à la supposition que le droit de conservation autorisait des mesures telles que celles dont il s'agit ; il s'est seulement réservé le principe de la non rétroactivité.

Mais comment admettre une doctrine d'après

laquelle, vous, qui n'êtes qu'une partie du pouvoir législatif, vous anéantiriez la Charte par qui vous existez ? La Charte a établi les conditions d'éligibilité ; elle a choisi les électeurs aptes à faire des députés ; elle n'a dit nulle part qui les déferait.

Supposer qu'une assemblée peut, à son gré, se mutiler, peut, selon ses passions et ses caprices, exclure de son sein quiconque blesse les uns et combat les autres, c'est accueillir une doctrine subversive de toute constitution. Je n'appuierai pas davantage sur ce point. Dans de telles questions, il suffit d'énoncer les principes.

Je vous demande donc de quel droit vous me parlez d'exclusion ? Ce n'est pas la Charte, ce n'est pas votre réglement, ce n'est pas la raison, la justice qui vous le donne ; et quoi donc ? où le puisez-vous ? Dans l'esprit de parti ; vous le prenez à la même source que les montagnards de 93 : c'est celui que s'arroge le plus fort, celui qu'usurpa toute faction qui veut remplacer la justice par la tyrannie, et faire plier la raison sous une violence effrénée.

Ne vous débattez donc plus, mes collègues, pour démontrer cette vérité. Ne la sentent-ils pas comme vous ? Ne savent-ils pas aussi que mes intentions ont toujours été pures ? (Mouvement à droite.) Oui, vous le savez. Eh ! viendrais-je, si je n'étais fort de ma conscience, viendrais-je à cette tribune vous combattre et braver vos murmures improbateurs ? C'est elle qui soutient mon courage. Avec un tel appui, l'on ne craint personne, pas même ceux qui s'établissent nos juges.

Vous voulez me repousser de cette enceinte ; que justice soit faite ! Je sais qu'il peut arriver aujourd'hui ce que nous avons vu jadis ; les élémens sont les mêmes. Je serai votre première victime ; puissé-je être la dernière ! Si jamais un désir de vengeance pouvait arriver jusqu'à moi, victime de vos fureurs, je léguerais à vos fureurs mêmes le soin de me venger. (Vifs applaudissemens à gauche.)

M. le président met aux voix la prise en considération. Elle est adoptée par le côté et le centre droit en entier.

M. le président donne lecture de l'article 45 du réglement, qui porte que toute proposition prise en considération par la Chambre doit être, s'il s'agit d'un projet de loi, renvoyée dans les bureaux pour y être examinée; et s'il s'agit d'un article additionnel au réglement, elle peut être également renvoyée dans les bureaux, si un membre, appuyé de deux de ses collègues, ne demande pas que la discussion s'ouvre immédiatement; dans ce cas, il y a lieu pour la Chambre de délibérer sur le renvoi dans les bureaux ou sur la discussion immédiate.

Les précédens de la Chambre, ajoute M. le président, sont pour le renvoi dans les bureaux.

M. Demarçay : Je demande que la discussion s'ouvre sur-le-champ en assemblée générale.

M. le président : La proposition, après l'examen dans les bureaux, revient toujours en séance publique.

M. Demarçay insiste.

M. le président donne lecture de l'article 46 du réglement, qui dit que toute proposition sur laquelle la Chambre aura décidé qu'il y a lieu à ouvrir immédiatement la discussion, subira trois lectures à trois jours de distance; que dans l'intervalle la discussion pourra s'ouvrir, et que la Chambre pourra même, lors de cette discussion décider l'ajournement de la proposition.

M. le président demande quels sont les deux membres qui appuient la proposition de M. Demarçay.

M. Foy : Moi et le général Gérard.

La Chambre, consultée, ordonne le renvoi dans les bureaux.

M. le président : Je dois prendre l'avis de la Chambre pour savoir quand elle veut que la réunion ait lieu.

A droite. — Sur-le-champ. (Réclamations à gauche.)

Je pourrais développer plus longuement cette idée. Il est inoui que le passé ne nous prémunisse pas contre le retour de pareilles mesures. Je m'étonne qu'invoquant toujours notre titre de Français, le sentiment si français de la justice soit, à ce point, effacé de notre cœur.

C'est aux ministres que je m'adresse; s'il y a proscription dans cette Chambre, ce sont eux qui en sont responsables. Vous n'auriez pas si facilement obtenu de la Chambre son consentement pour une guerre qui n'est motivée sur rien, si vous n'eussiez sur elle une active influence. Pourquoi ne l'employez-vous pas à empêcher un attentat qui nous menace tous ?

M. Chauvelin : Ne croyez pas, Messieurs, qu'un sentiment particulier me fasse prendre la parole. La position intéressante de mon collègue, surtout après qu'il a été entendu, serait bien propre à le justifier. C'est un sentiment public qui m'amène à cette tribune; c'est comme Français que je déplore les signes d'impatience inouis qui ont été donnés dans cette séance, pour prononcer, je ne dirai pas une condamnation, car ce mot comporte des idées de droit et de justice.

Il est inoui que vous ne soyez pas arrêtés par les exemples que nous offre le passé; il s'agit de l'intérêt de la Chambre, de l'intérêt de la France; et c'est au gouvernement que je m'adresse ; c'est à ceux qui n'ont pas pris le timon des affaires, seulement pour occuper des places.

Ministres, s'il y a des proscriptions, c'est vous qui les ferez, puisqu'il vous serait si facile de les prévenir ; vous ne seriez pas au moment d'obtenir si facilement de la Chambre son consentement pour une guerre injuste et sans motifs, si vous n'exerciez sur elle une active influence.

Oui, si nous avons un gouvernement, la Chambre ne sera pas décimée ; et vous le savez, Messieurs, que de causes étrangères à nous, que de passions honteuses pourrait provoquer à votre insu une mesure si violente ! Des ambitions mal satisfaites, la soif des pouvoirs, inspirent peut-être à des hommes mécontens l'idée de se servir de l'exaltation manifestée hier par plusieurs d'entre vous pour arriver au poste qu'ils désirent, à l'aide de toutes les violences ; ainsi qu'au milieu d'une défaite désespérée, on voit un chef audacieux s'emparer de l'enthousiasme et de l'emportement d'une poignée de braves, pour les rassembler, les rallier et les ramener au pillage. (Exclamations à droite. —Vous insultez la Chambre.)

Je rends les ministres responsables de tout ce qu'on fera contre les libertés et contre l'indépendance de la Chambre. Je demande que les délais voulus par les réglemens soient conservés, et je m'oppose au renvoi immédiat dans les bureaux.

M. le ministre des finances : S'il fallait répondre à toutes les injustices du préopinant, je l'aurais renvoyé naguère au budget, pour qu'il y vît quel est le traitement du président du conseil des ministres.

Aujourd'hui il nous accuse d'un sentiment d'indignation que les ministres ont partagé avec toute la Chambre. (Bravos à droite.) Il parle de proscription, et il invoque le gouvernement. Certes, nous n'ignorons pas, et moi moins que tout autre, que si nous en venions là, je serais peut-être une des premières victimes. (Sensation.)

Mais il ne s'agit pas de proscrire , il s'agit d'établir les droits de la Chambre , et le gouvernement
a dû s'abstenir de parler comme de voter dans une
semblable question. La France jugera notre conduite.

A gauche. — Oui ! oui !

M. Dudon réclame la réunion immédiate dans
les bureaux , dans l'intérêt même du député inculpé (rires à gauche), attendu que l'impression
qu'a pu produire sa justification existe encore tout
entière. Il invoque à ce sujet plusieurs précédens,
un entre autres, relatif à la prorogation des contri-
butions indirectes.

M. Casimir Périer : Vous traitez un député
comme des centimes !

M. Dudon : La plaisanterie me semble mal placée dans une discussion qui nous afflige tous.

M. Lainé monte à la tribune. (Sensation très-
marquée.) S'il était permis de prononcer dans les
bureaux la décision des nombreuses questions qui
vous ont été proposées, on pourrait partager les
louables motifs du préopinant, qui a pensé que tous
les faits étant encore présens à votre mémoire , la
personne accusée pouvait avoir droit elle-même
à ce que la discussion fût immédiatement rendue
publique ; mais il a eu tort de se préoccuper de
cette idée. Ce n'est pas dans vos bureaux que sera
décidée la question; après que les bureaux auront
nommé des commissaires pour examiner la proposition, la commission fera son rapport, et ce
n'est que vingt-quatre heures après le rapport
que la délibération pourra avoir lieu en assemblée
générale. Telles sont les formes, telle est la volonté de votre réglement, tel est l'usage que vous
avez constamment suivi; et puisque vous avez
trouvé juste d'entendre la personne inculpée avant
sa mise en jugement, vous trouverez la même

justice et les mêmes droits à l'entendre avant le jugement. Ainsi, les motifs, sur lesquels le préopinant s'était fondé pour une prompte réunion, ne me paraissent pas suffisans.

Lorsque j'ai voté moi-même pour la prise en considération, c'était parce que les doctrines qu'on accuse l'un de nos collègues d'avoir professées, étaient d'une telle importance qu'il fallait qu'une Chambre française trouvât le moyen d'empêcher un pareil scandale et de réprimer de semblables écarts. Si ces écarts ont réellement eu lieu, si le discours inculpé a fait naître un tel scandale, il importe à la dignité de la Chambre de prononcer l'application de la peine la plus grave.

Vous aurez à délibérer si la Chambre qui, dans d'autres circonstances, a elle-même refusé d'introduire des peines dans son réglement, peut, dans la circonstance actuelle, en prononcer, et leur donner ce qu'on pourrait appeler un effet rétroactif. Quoi qu'il en soit, et sans exprimer d'opinion à cet égard, je vous supplie de ne pas donner à la malveillance un prétexte contre vous, et de ne pas fournir à nos ennemis l'occasion de dire que nous sommes impatiens d'infliger des punitions. Assez de calomnies sont répandues contre cette Chambre pour que nous soyons empressés de détruire jusqu'au plus léger prétexte de pareilles imputations. Ce ne sera pas quelques heures de plus ou de moins qui pourront changer votre décision, et alors vous donnerez à la France le spectacle solennel d'une Cour de justice, procédant avec lenteur et maturité à rendre, s'il y a lieu, la plus terrible des décisions. Je demande que les bureaux ne soient convoqués que demain.

M. Dudon reproduit sa demande. Il réfute quelques objections du préopinant.

M. Méchin voudrait que la proposition ne fût

examinée qu'après la délibération sur le projet de loi du crédit supplémentaire.

M. le président : Trois propositions ont été faites : la première est de se retirer dans les bureaux après le vote de la loi en discussion ; la seconde, de se réunir demain dans les bureaux ; la troisième est que la réunion ait lieu sur-le-champ. Je vais mettre la première proposition aux voix.

M. Dudon : Mettez les propositions aux voix dans l'ordre où elles ont été faites.

M. Pardessus : Oui ! oui !

D'autres voix à droite. — Appuyé !

M. le président : Je mets la proposition aux voix comme les amendemens successifs.

La première proposition est mise aux voix.

Le côté gauche se lève pour ; le côté droit contre ; elle est rejetée.

La seconde proposition est mise aux voix.

Le côté gauche et le centre droit se lèvent pour ; le côté droit contre.

Après avoir consulté le bureau, M. le président déclare que la proposition est adoptée, et qu'en conséquence la Chambre se réunira demain à midi dans les bureaux. L'ordre du jour, ajoute-t-il, est la continuation de la discussion du projet de loi sur le crédit supplémentaire.

M. Forbin des Issarts, se levant : Non ! pas de séance ! à demain !

Un grand nombre de membres du côté droit.— A demain ! à demain !

A gauche. — Non ! non !

M. le président met la proposition aux voix.

Le côté droit, une partie du centre droit et quelques députés du côté gauche se lèvent pour ; la plus grande partie du côté gauche et une partie du centre droit, contre. La proposition est adoptée.

La séance est levée à quatre heures et ajournée à demain.

A l'ouverture et à la fin de la séance, un grand nombre de personnes se pressaient aux issues du palais de la Chambre. L'affluence des spectateurs dans l'intérieur de la salle était très-considérable.

IMPRIMERIE DE J. TASTU.